caças ao homem

história e filosofia do poder cinegético

Grégoire Chamayou

caças ao homem

história e filosofia do poder cinegético

Grégoire Chamayou

prefácio
Acácio Augusto

tradução
Marcela Vieira
revisão da tradução
Marina B. Laurentiis

crocodilo

a gestão cinegética entre pessoas: de Aristóteles à polícia preditiva

Acácio Augusto[1]

1 É pai do Tomás, palmeirense e anarquista. Vive em São Paulo, Brasil. Professor no Departamento de Relações Internacionais da UNIFESP, campus Osasco, e nos Programas de Pós-Graduação em Psicologia Institucional da UFES e em Relações Internacionais: Estudos do Sul Global, da UNIFESP. Coordena o Laboratório de Análise em Segurança Internacional e Tecnologias de Monitoramento (LASInTec) na UNIFESP, criado em 2019. Autor dos livros *Anarquia y lucha antipolítica – ayer y hoy* (Barcelona, NoLibros, 2019) e *Política e polícia: cuidados, controles e penalizações de jovens* (Rio de Janeiro, Lamparina, 2013).

A polícia mantém uma relação animalesca com os corpos que persegue, que se manifesta também nos afetos.

Grégoire Chamayou

As metáforas animais são muitas na política moderna: desde o rebanho e a ovelha (ou o gado) para descrever a servidão coletiva e individual até a famosa imagem de Nicolau Maquiavel do Príncipe como aquele que deve ter a astúcia da raposa e a força do leão para liderar o seu reino. Não é nada fortuito que o sob`erano seja representado por espécimes cinegéticas e os governados por espécimes de rebanho, como as vacas e os bois, para a extração de leite e o abate, e as ovelhas, que devem ser mantidas cercadas para o pastoreio e, de tempos em tempos, ser tosquiadas. Mas os exemplos se multiplicam na memória e na imaginação das pessoas, assim como os significados que assumem na linguagem política, especializada ou comum, sobre os animais e as formas políticas: porcos e ratos para designar inimigos; lobos e corujas para se referir ao conhecimento acumulado por anos de prática e observação; abutres, corvos e urubus para designar aproveitadores que circundam a ruína dos outros; cães para se referir a prestabilidade, docilidade e ferocidade obediente a mando do dono; e gatos para apontar independência, rebeldia e liberdade em relação aos humanos. No caso de cães e gatos, em especial, a relação com o comportamento político não é apenas metafórica, já que existem efetivamente cães policiais, ao passo que não há notícias de gatos que trabalhem para a polícia.

Seria fácil dizer que essas figuras animalescas da política moderna e contemporânea remetem à conhecida sentença aristotélica sobre ontologia humana: *o homem é um animal político*. Uma leitura mais atenta sobre o tema remeteria também à mutação moderna da sentença de Aristóteles, apontada por Michel Foucault, quando o *homem passa a ser um animal cuja vida depende da política*. Transição que, em Foucault, traça a emergência da biopolítica no final do século XVIII. No entanto, não é esse caminho reto, atrelado a uma origem e aos usos metafóricos, que segue o escrito de Chamayou, aqui apresentado em português brasileiro.

O livro também não se perde em metáforas da animalidade como chave interpretativa das relações políticas ou imagens do pensamento para fins pedagógicos e/ou explicativos. O que você lerá em *Caças ao homem* é uma genealogia do que Chamayou denomina de *poder cinegético*. Ele traça, de forma ágil e sucinta, as mutações das técnicas e formas de caça às pessoas na cultura ocidental, desde suas formas primárias dirigidas aos não cidadãos escravizados nas cidades gregas antigas, passando pelas formas pastorais da cultura judaico-cristã e por sua laicização nos governos modernos das populações, até os tempos atuais, nos quais grupos policiais especializados (como o ICE[1] estadunidense) e cidadãos comuns (como camponeses italianos[2]) caçam imigrantes e os chamados criminosos pelas ruas submetendo-os a violências de horda ou cobrando que o Estado pratique essa violência punitiva.

Grégoire Chamayou é conhecido do(a) leitor(a) brasileiro(a) pelos livros *Teoria do drone* e, mais recentemente, *A sociedade ingovernável: uma genealogia do liberalismo autoritário*. O primeiro, publicado pela extinta editora Cosac Naify, é um ensaio ousado e informado sobre a forma da guerra contemporânea que encontra nos drones seu artefato perfeito para o exercício de uma violência remota, que projeta poder sem projetar vulnerabilidade no agente dessa

---

1 Sobre o ICE (Serviço de Imigração dos EUA), criado em 2003 no governo de George W. Bush, ver https://www.ice.gov/about-ice. Para além do antigo FBI, o ICE conta com mais de 20 mil agentes, distribuídos por cerca de 400 escritórios oficiais, ao custo de 8 bilhões de dólares anuais para o governo estadunidense, com o objetivo alegado de proteger o país da criminalidade transfronteiriça e da imigração ilegal. Típica força policial após o 11 de Setembro de 2001, o ICE promove a fusão, em uma única polícia especial, de funções de Defesa para a segurança nacional e de Segurança Pública, caçando pessoas sem documentos de imigração e criminosos relacionados às redes internacionais de ilegalismos. Hoje, o ICE ocupa a 17ª posição de maiores gastos militares comparados com outros países inteiros. Para o ano de 2026, seu orçamento é maior que o gasto militar de países como a Turquia, a Espanha, a Holanda e o Brasil. Ver Ariana Baio. "ICE is now richer than most of world's militaries thanks to Trump's new funding", em *The Independent*, 16 de julho de 2025, disponível em https://www.independent.co.uk/news/world/americas/us-politics/ice-funding-world-militaries-b2790466.html.

2 Sobre a horda de camponeses caçando imigrantes, ver *post-scriptum* deste livro.

violência. O drone é o artefato estandarte da caçada contemporânea como guerra assimétrica. Com ele, o combatente pode ver sem ser visto e matar sem se expor ao risco de ser abatido, como estamos assistindo hoje na ocupação militar russa em território ucraniano ou no massacre continuado em Gaza pelo Estado de Israel. O segundo livro, publicado no Brasil em 2020 pela editora ubu, mobiliza de forma bastante rigorosa e inventiva as indicações analíticas do curso ministrado por Michel Foucault em 1979 no Collège de France, "Nascimento da biopolítica". Nele, Chamayou movimenta e analisa textos teóricos e manuais de orientação política e/ou empresarial dos anos 1970, produzidos pelas Ciências Econômicas e Administrativas e pelas Ciências Sociais e Políticas, para traçar uma genealogia da governamentalidade neoliberal como uma forma de governo autoritária e reativa às revoltas que emergiram nos anos 1960 em todo o planeta. Ao lidar com a governamentalidade como uma capacidade composta que produz um sujeito que é, ao mesmo tempo, disponível ao governo e apto a governar, o livro pode ser tomado como uma boa referência para se pensar a propalada "crise da democracia" dos dias atuais fora do pânico moral e da defesa incondicional das instituições democráticas estatais que essa alegada crise demanda. O livro mostra que foi na crise de governo da sociedade que o neoliberalismo se espargiu. Crise produzida por uma certa literatura gerencialista e de cacoetes militares, majoritariamente anglo-saxã, que desde os anos 1970 alegava que a democracia havia perdido a capacidade de governar a sociedade, uma "crise de governança" da capacidade de governo dos Estados.

Formado em filosofia pela École Normale Supérieure de Fontenay-Saint-Cloud, de Lyon, em 1997, Chamayou se doutorou em epistemologia e história das ciências e técnicas na Universidade Paris VII. Hoje, é pesquisador do CNRS (Centro Nacional de Pesquisa Científica), de Paris, e do Instituto Max-Planck, em Berlim. Como tradutor, para o francês, dos escritos de Carl Von Clausewitz, Immanuel Kant e Karl Marx, tem seus estudos voltados para as relações entre guerra, violência, política e tecnologias de governo. Como editor e organizador do selo Zones, da editora La Découverte[3], se dedica a selecionar e publicar livros que descrevem as práticas contemporâneas de resistências, de militância contestadora e/ou de grupos ativistas e experiências contraculturais do passado e do presente.

Este livro, *Caças ao homem*, pode ser lido de forma articulada com os dois livros supracitados do autor, pois sua escrita os precede, na medida em que os drones se apresentam como artefatos de ponta da caça entre pessoas no planeta hoje, e as formas contemporâneas do autoritarismo gerencialista neoliberal são extremamente dependentes da alta tecnologia para caça-guerra-policiamento, com uso de drones e de IA generativa para a conformação de polícias preditivas e de bancos de dados cada vez mais amplos com informações das virtuais presas que podem ou não ser abatidas, mas se encontram continuamente na mira desses bancos. Além disso, a racionalidade neoliberal fomenta, entre os empreendedores de si, uma moral que orienta condutas de caça ao tesouro e ao sucesso expressas por meio de linguagem militar e de guerra, pois trata-se de eliminar ou neutralizar adversários. No limite, essa conduta de caça e guerra, usada como metáfora de luta pela sobrevivência, se expressa mais literalmente em hordas de linchadores e no sucesso contemporâneo dos CACs (Colecionador, Atirador Desportivo e Caçador), exportado dos EUA para o Brasil, e seu fascínio por armas de fogo como condição da existência e garantia da segurança pessoal e da defesa de suas propriedades e famílias de bem.

O livro, com doze capítulos curtos, apresenta uma história da caça como forma política da violência dos dominadores e como uma técnica indispensável para instaurar relações

3 Ver o interessante catálogo da coleção aqui: https://www.editions-zones.fr/ .

de dominação. Ele pode ser dividido em três grandes ciclos de mutação da caça de humanos. Primeiramente, as caçadas clássicas, que remetem à Antiguidade grega, legitimada por um princípio ontológico que marca a humanidade dos senhores/caçadores e a animalidade dos escravos/presas. Com a ascensão da cultura judaico-cristã, forma-se uma oposição popular ao ímpeto caçador do soberano como déspota cruel que caça violentamente seus súditos dentro do seu território. Essa oposição remete ao que Foucault denominou, ao analisar o Renascimento, de literatura anti-Maquiavel, que projetou no governante as artes de bem governar, à semelhança de um bom chefe de família e de um pastor que cuida de seu rebanho, assegurando que as ovelhas não se percam e zelando por seu bem viver e sua sobrevivência para o esplendor do Estado. Essa forma gregária e popular, derivada do poder pastoral cristão, conforma uma nova prática predatória da comunidade, que irá caçar a ovelha negra, a ovelha sarnenta, pois ela deve ser banida ou alvejada com pedras para que se proteja o rebanho da sarna e se promova o bem viver da coletividade política como rebanho. Entre o ciclo antigo e o moderno das caças ao homem, a colonização ultramarina europeia foi uma experiência decisiva para o desenvolvimento das técnicas de caça que logo foram utilizadas no solo da metrópole.

Conforme demonstra Chamayou, essa forma de caça gregária, criada pelo poder pastoral, será atualizada na forma moderna das caças ao homem no sistema de justiça criminal como meio de caça ao povo e entre o povo, colocando no centro da política uma figura nova, própria e característica do Estado moderno: *a polícia*. Como se lê no capítulo dedicado a essa instituição em específico, "a polícia é a instituição caçadora, o braço caçador do Estado, encarregada de perseguir, capturar e aprisionar"[4]. A função de caça entregue à polícia produzirá problemas cujas soluções instauram infinitos ciclos

4 Página 139 desta edição.

de reformas das instituições criminais que se renovam até hoje.

A prática da caça não é uma ciência. Ela poderia ser mais bem comparada a uma arte, um conjunto de conhecimentos acumulados empiricamente por meio da atividade regular e do acúmulo de experiências em caçadas. Um bom caçador conhece sua caça a tal ponto que é capaz de pensar como ela, imitar os seus gestos, sentir como ela, habitar e conviver em seus espaços e participar de suas relações. Não é uma coincidência que os primeiros delegados e chefes de polícia de Paris fossem oriundos dos meios delinquentes, como é demonstrado por Chamayou no livro. Para além disso, a relação polícia-prisão-delinquência é uma produção do sistema de justiça criminal moderno, formando uma colônia humana de manejo entregue aos cuidados da polícia que Michel Foucault nomeou de *regime dos ilegalismos*, um exército de reserva de poder governável no qual se pratica a caça entre pessoas e se aperfeiçoam as formas de controle violento das frações das populações classificadas como perigosas.

Essa convivência íntima entre as polícias repressivas e os meios delinquentes será vista como um problema para o qual a reposta é a formação de uma polícia científica, baseada em estudos sobre os sujeitos que vivem nos meios delinquentes. Busca-se objetivar a relação entre polícia e meio delinquente para livrar a instituição dessa contaminação provocada pela presença da caça entre os caçadores. Nesse ponto, expõe Chamayou, acontece na Europa da segunda metade do século XIX a passagem da caça empírica – para a qual a polícia dependia dos conhecimentos próprios dos delinquentes, recrutando alguns deles de forma direta (como policiais) ou indireta (como alcaguetes)– para a polícia científica – que produzirá todo o conhecimento sobre os delinquentes e seu meio, como temos até hoje na sociologia, na antropologia e na criminologia (crítica ou não). Como anota Chamayou em evidente referência às teorias da guerra de Clausewitz, "se a geografia, 'em primeiro lugar, serve para fazer a guerra', a antropologia, antes de mais nada, serve para praticar a caça ao homem"[5]. Pois, para caçar os homens, é preciso conhecer o Homem. Deriva daí, hoje, a proximidade cada vez mais indiscernível entre Ciências Humanas e atividade policial, além do fascínio que muitos sociólogos possuem pelo Direito, pelos direitos e pelo meio delinquente, quase como um fetiche.

Essa caça policial que habita o imaginário sociocultural por meio de filmes, livros, músicas, reportagens e documentários se dirige aos fugitivos da prisão e produz o que juridicamente, hoje, é conhecido como "excludente de ilicitude" ou "auto de resistência", formas jurídicas, no Brasil, que justificam previamente (mesmo quando é ilegal) o abate do sujeito tomado como suspeito ou em fuga da prisão e da polícia. Pois aquele que foge do sistema de justiça criminal é o inimigo público que desafia o poder de captura do Estado, expondo suas limitações e suas vulnerabilidades como instituição de caça. Por isso, ele deve ser exemplarmente abatido, mesmo quando é possível sua captura e submissão ao chamado "devido processo legal". Reivindicar qualquer forma de controle civil, jurídico-político e/ou pedagógico sobre a ação policial em sua função caçadora é inútil. Para a polícia, seja o bandido fugitivo, seja o agente da revolta popular, o objetivo da caça não é a captura para o zoológico humano com suas utopias de regeneração, mas a neutralização da presa e a demonstração exemplar de poder e domínio sobre corpos que ela pode simplesmente eliminar, neutralizar.

Qualquer questionamento consequente dessa função caçadora da polícia levaria, por dedução lógica, à necessidade de sua abolição imediata, sem projeção de uma nova instrução de caça que seria mais humana. O que responderia, hoje, a apenas uma parte do problema, pois as formas policiais se diversificaram a ponto de depender, cada vez menos, da vigilância em espaços fechados ou territórios urbanos

5 Página 141 desta edição.

demarcados como meios perigosos, pois tiveram seu raio de ação elastificado pelas práticas de monitoramento que convocam todos e cada um a serem policiais e, eventualmente, predadores, mesmo quando vivem em meio à caça. Para além da função caçadora da polícia, temos hoje uma subjetividade política nas democracias conformada como uma cidadania policial que opera o governo de si e dos outros de maneira proativa e participativa, fazendo de cada um caça e caçador dentro do arco do governo a céu aberto, entregando a presa da ocasião para a polícia ou para a turba de linchadores, e/ou exercendo de forma direta o poder soberano de fazer morrer, não necessariamente escorado na legitimidade jurídico-política do Estado[6].

Por compreenderem, na mesma metade do século XIX, essa função de caça definidora da ação policial e sua relação com os meios delinquentes, os anarquistas foram os primeiros, como mostra Michel Foucault em *Vigiar e punir*, a buscar "desligar a delinquência em relação à legalidade e a ilegalidade burguesa que a haviam colonizado", num esforço em provocar a revolta que produziria a unidade política das ilegalidades populares[7]. Não é fortuito que os anarquistas sejam os primeiros a atirar contra o sistema de justiça criminal e a se tornar o principal alvo dessa ciência policial e da antropologia criminal. É sabido que Cesare Lombroso, fundador da antropologia criminal e referência do saber criminológico e da sociologia do crime, dedicará uma monografia inteiramente aos anarquistas, apontando-os como figuras retrógradas, selvagens e violentas, em contraste com outros revolucionários da época, como Marx, Mazzini e Garibaldi, estes, possuidores de rostos simétricos e civilizados, detentores de uma revolução política devota do Estado, segundo a antropomorfia

---

6 Sobre a elastificação dos controles a céu aberto, ver Acácio Augusto, *Política e polícia: cuidados, controles e penalizações de jovens*, Rio de Janeiro, Lamparina, 2013.

7 Michel Foucault, *Vigiar e punir: o nascimento da prisão*, trad. de Raquel Ramalhete, 25ª edição, Petrópolis, Vozes, 2002, p. 242.

política de Lombroso e seus seguidores de ontem e de hoje. Seguramente considerando essas referências históricas, Chamayou irá localizar o auge da polícia científica durante a perseguição aos anarquistas em Paris e na Europa no final do século XIX. Pois, "além do bandido, a outra grande figura do inimigo interno foi, na Europa do século XIX, o espectro de uma revolta operária. Nas fases de repressão, o exército substitui a polícia, e a repressão ganha a forma de uma guerra cinegética antigamente empregada nas colônias. Quando os pobres se revoltam, eles são caçados como se costumava fazer com os indígenas"[8]. As técnicas de caça colonial alimentam o saber policial e apontam para os anarquistas como os selvagens da civilização ocidental, que devem ser eliminados e/ou neutralizados, já que são "por natureza" incorrigíveis e recusam o mais belo edifício do saber em relação aos homens: o Estado.

Será Émile Pouget, figura decisiva do anarco-sindicalismo e do sindicalismo revolucionário europeu, o primeiro a relacionar a violência das guerras coloniais francesas à repressão ao movimento operário e aos anarquistas, assim como aos massacres empreendidos pelo Estado francês contra revoltas populares como a Primavera dos Povos (1848) e a Comuna de Paris (1871)[9]. Chamayou expõe como

---

8 Página 150 desta edição.

9 Ver Émile Pouget, "Barbarie française", *Le père peinard*, N.º 45, 12 de janeiro de 1890, citado por Chamayou neste livro. Pouget foi ferrenho antimilitarista que acabou arrolado no Julgamento dos Trinta, instaurado após o assassinato do presidente Sadi Carnot, em 1894, que serviu de mote para intensificar a caça aos anarquistas. Para escapar à perseguição, exilou-se em Londres, onde já havia estado com outros anarquistas franceses para a fundação da Internacional Negra, em 1881. Seu jornal, *Le Père Peinard*, se destacava por incorporar linguagem popular e gírias urbanas, o que lhe rendeu a autoria do termo moderno *sabotagem* (de *sabot*, tamanco em francês) para designar a ação de danificar máquinas (atirando um tamanco em suas engrenagens) como forma de resistência dos trabalhadores contra os patrões. Também foi um dos redatores da Carta de Amiens (1906), que orientou a ação sindicalista anarquista na França, fundando a Confédération Générale du Travail (CGT), na qual ele atuou como primeiro secretário e editor do jornal *La voix du peuple*. Em 1909 se afastou da ação sindicalista. Sobre os anarquistas na Primeira Internacional, ver James Guillaume, *A Internacional: documentos e recordações*, trad. de Plínio Augusto Coelho, São Paulo, Editora Imaginário/Faísca, 2009. Sobre o terrorismo anarquista e as perseguições policiais e judiciais aos anarquistas, ver James Maitron,

o anarquista francês estabeleceu uma ligação direta entre as guerras coloniais e a repressão aos anarquistas na França: "Quem são vocês, de onde vêm, seus imundos companheiros, vocês não nasceram ontem? Eu os vi há dezoito anos, e seus rostos não mudaram: vocês continuam sendo Versalhes! A ferocidade dos tigres que vocês usavam para martirizar os Communeux, agora estão usando para criar confusão com os tonquineses", diz Pouget em citação neste livro. O texto de Pouget não faz analogias ou ilações sobre as formas de caça usadas na colônia e as utilizadas contras os anarquistas e operários em revolta; ele expõe que são os mesmos operadores e mandatários que mobilizam o léxico colonial para eliminar os "selvagens" da metrópole - que buscam a abolição do Estado.

Não é fortuito o destaque que dou, no livro, ao auge da polícia científica - a técnica moderna e mais sofisticada de caça ao homem - em sua empreitada de caça aos anarquistas. Não foi apenas na França que o salto moderno das tecnologias de governo policial teve como alvo privilegiado os anarquistas e suas associações. No Brasil, os primeiros destacamentos do DEOPS, no Estado Novo de Getúlio Vargas, também teve como alvo as associações operárias anarquistas que, com seus jornais, seus centros de cultura e suas escolas modernas, fizeram a Greve Geral de 1917 em São Paulo[10]. Anos antes, o governo em estado de sítio de Arthur Bernardes já enviara anarquistas para o campo de concentração de Clevelândia do Norte, no Pará, perto da fronteira com a Guiana Francesa, nomeado pela imprensa anarquista como inferno verde. De fato, se as primeiras forças policiais e legislações penais do Império no Brasil tiveram como alvo as

---

Ravachol e os anarquistas, trad. de Eduardo Maia Lisboa, Edições Antígona, 1981; ver também Acácio Augusto, "Terrorismo anarquista e luta contra as prisões", em Edson Passetti e Salete Oliveira, *Terrorismos*, São Paulo, EDUC, 2006.

10 Sobre isso, ver Lúcia Parra, *Combates pela liberdade: o movimento anarquista sob a vigilância do DEOPS (1924-1945)*, São Paulo, Imprensa Oficial, 2003.

pessoas negras fugidas da escravidão e os libertos pós-abolição legal da escravatura, caçando quilombos rurais e casas de zungus urbanas[11], o salto da polícia científica por aqui, inspirado nas teorias eugênicas da Europa e na vasta divulgação da antropologia criminal italiana, se deu com a caça à revolta anarquista. O que a polícia teme não é exatamente um sujeito, mas a fuga e a revolta.

A genealogia da caça aos homens de Chamayou, como tal, não está olhando para o passado, mas para o presente. Assim, seus alvos são as políticas anti-imigração na Europa e a matilha de linchadores da extrema-direita contemporânea. Ele finaliza seu estudo com uma interessante análise do que nomeia de "dilema da vítima", no interior de uma dialética, que diz não ser hegeliana, entre a caça e o caçador. O dilema, de forma sucinta, sustenta que a saída da condição de vítima (caça) pressupõe assumir a posição de algoz (caçador). A solução para esse dilema, que o autor argumenta estar na "formulação de uma teoria crítica da violência política"[12] precisa ser pensada em torno do problema da proteção que deve orientar a vocação de "uma comunidade política universal, ou seja, seu *telos*: assegurar proteção coletiva contra as relações de predação inter-humanas"[13]. A formulação da resposta, nesses termos, expõe um limite de um pensamento que não consegue estar fora do Direito e, portanto, do universal.

Neste ponto, vê-se que Chamayou ainda segue preso à política (essa tecnologia moderna do governo de uns sobre os outros), ao Direito (e sua pretensão ao universal por um *telos* comum) e ao Estado como categoria do entendimento (*locus* da proteção e da realização da *ideia*). Não cabe

11 Sobre o medo da revolta dos Malês na capital do Império e suas permanências na política da justiça criminal brasileira até hoje, ver Vera Malaguti Batista, *O medo na cidade do Rio de Janeiro: dois tempos de uma história*, Rio de Janeiro, Revan, 2003.

12 Página 218 desta edição.

13 Página 219 desta edição.

aqui abrir uma discussão sobre como o saber, por vezes, age como um corvo que se entusiasma com o cheiro de cadáver, mas há três problemas práticos na busca por esse *telos* e na formação dessa comunidade política universal, que indicam como certamente se reconfigurariam as caças ao homem se, de fato, chegasse a se formar uma comunidade política de proteção como superação do que o autor nomeia de dilema da vítima.

O primeiro problema se encontra no próprio livro: mais do que as caças ao homem, o que ele descreve é uma caça entre os homens. Isso aparece em suas excelentes descrições de como as guerras coloniais se esforçaram em responsabilizar os povos colonizados por sua própria escravização, o que retorna, ao estilo efeito bumerangue, para a metrópole como polícia científica que caça as revoltas populares e os anarquistas como selvagens. Isso evidencia que, embora encarne num sujeito, o alvo da caça é a revolta, ou seja, uma atitude de recusa à condição de caça ou de caçador. Quem se comporta escapa à caça, ainda que eventualmente se torne categoricamente um alvo. O segundo problema prático diz respeito à política. Se há o que ser protegido, há algo ou alguém que protege e, no limite, que pratica a caça. O nome moderno e ocidental para o que se chama de "comunidade política" é Estado. Os povos contra o Estado, por exemplo, não aboliram a violência, a caça e a guerra, mas a organizaram de maneira a bloquear o surgimento do Um[14]. Por fim, há o problema do Direito, pois assim como a crítica judaico-cristã à soberania reuniu as artes de governar em torno de um pastorado laico e moderno, criando a polícia, certamente o estabelecimento de um *telos* para "assegurar proteção coletiva contra as relações de predação inter-humanas" levaria à eleição de suas presas e das formas de caça tidas como legítimas. Dessa maneira, a ultrapassagem desses três problemas práticos não está

---

14 Sobre isso, ver Pierre Clastres. *Arqueologia da violência. Ensaio de antropologia política*, trad. de Carlos Eugênio Marcondes de Moura, São Paulo, Brasiliense, 1982.

na criação de uma "comunidade política universal", mas na abolição da pretensão ao universal encarnada na política e no Direito modernos, assumindo a inevitabilidade existencial do trágico, a abertura de possiblidades sempre reposta pela emergência da revolta.

Tomo dois exemplos contemporâneos da urgência não de um acréscimo, mas da subtração pela abolição.

Um exemplo de hoje é político e criminológico: os atuais controles preditivos operados por sistemas de monitoramento eletrônico com tratamento de dados por IA generativa. Esses novos artefatos, que podem gerar, por exemplo, drones autônomos, não apenas modulam as intervenções letais da polícia humana (o que pode até gerar queda de índices de homicídios), como também vendem a utopia de um controle político dessa violência, incluindo, virtualmente, todos os viventes no espectro da caça, inclusive os caçadores. O monitoramento, como prática de governo, é diferente do panoptismo vigilante e disciplinar: ele não opera com alvo definido, mas acompanha e coleta informações de forma indiscriminada e ampla, o que lhe rende uma percepção geral como artefato que opera com objetividade e impessoalidade. Isso faz com que a crítica ao seu uso se centre em vieses sociais, raciais e/ou de gênero (que, de fato, existem). Mas tais críticas poupam a tecnologia de controle e não atingem a forma de vida que esses artefatos produzem. Não se trata de refutar o mal uso ou de reivindicar um uso que também monitore os caçadores, mas de questionar a manutenção de uma tecnologia policial que, ainda que sempre tenha tido a pretensão de prever o futuro ou de marcar, nos sujeitos, os virtuais perigos, agora, como polícia preditiva, tem a pretensão de produzir e projetar o futuro. Isso se dá não mais por meio do enfoque nas características dos sujeitos produzidos como perigosos, mas por meio do monitoramento de comportamentos e condutas com vistas a identificar as que são julgadas como suspeitas ou indesejadas. Portanto, não se trata apenas de se opor a um equipamento e a uma tecnologia que, tal como os drones de guerra, projetam violência sem projetar vulnerabilidade dos agentes, mas de abolir a tecnologia política que opera a produção de um campo de caça no qual todas e todos são virtuais presas. Sem atacar a positividade desses artefatos, no campo de ação, seguirão sendo repostos de forma variada e modulada os que devem ser caçados e os que possuem a prerrogativa de caçadores.

O outro exemplo deste campo de caça contemporâneo é moral e cultural: no tempo em que estava escrevendo este prefácio, assisti na plataforma Netflix ao filme de animação *Kpop Demon Hunters*, veiculado aqui com o nome de *Guerreiras do Kpop*, dos diretores Maggie Kang e Chris Appelhans, lançado mundialmente em 20 de junho de 2025. A superprodução é um sucesso entre pré-adolescentes e adolescentes em todo o planeta, seguindo o sucesso que o gênero Kpop já possui há um certo tempo. Segundo a sinopse, "quando não estão lotando estádios, as estrelas do Kpop Rumi, Mira e Zoey usam seus poderes secretos para proteger os fãs de ameaças sobrenaturais". Além do enredo binário e manjado das fábulas de luta do bem contra o mal, o que chama a atenção é como os milhares de fãs da fictícia banda Huntrix ignoram que suas almas são disputadas por anjos e demônios, cabendo às caçadoras do Kpop livrá-los do mal que eles não conhecem. É curioso notar como a devoção dos fanáticos da banda Huntrix alimenta a missão de caçadoras das guerreiras do Kpop. Apesar de ser uma animação oriental voltada para o público infanto-juvenil, a linguagem de forças malignas sobrenaturais e ocultas, própria à cultura judaico-cristã, permeia toda a trama, que tem como objetivo final extirpar o mal da Terra e, para isso, não pode haver perdão (como diz refrão de sua música). Por fim, no auge da trama, a líder da banda esclarece o que está em jogo, usando literalmente uma frase presente nos manuais militares de contrainsurgência dos 1960: o que travam é uma "guerra por corações e mentes". Isso evidencia que mais importante do que os artefatos são as formas de empreender a caça, às quais devemos atentar. Antes mesmo de virar política de segurança pública, esse *ethos* caçador que busca extirpar o mal habita o imaginário cultural de crianças e jovens que se entopem de histórias de caçadas com mocinhos e vilões.

O livro de Chamayou é fundamental para quem quer compreender como se metamorfoseou a distribuição racional da violência no planeta, sobretudo como a instituição de caça humana por excelência, a polícia, foi se tornando central em todo o globo e foi sendo hiper-investida de desenvolvimento científico e tecnológico, a ponto de hoje, com as polícias preditivas, estarmos no limiar de uma caçada policial programada por algoritmos tratados por IA generativa e que, eventualmente, poderá dispensar a ação humana, tal como no filme *O exterminador do futuro*.

Cabe lembrar que, assim como na metade do século XIX, seu alvo primeiro foi a anarquia.

Muito antes do 11 de Setembro de 2001 e dos atentados em território estadunidense atribuídos à Al Quaeda, de Osama Bin Laden, as tecnologias de perfilamento criminal, análise linguística e tratamento computacional de dados foram mobilizadas para caçar o matemático anarquista Theodore Kaczynski, nomeado pela imprensa como Unabomber. As ações de Ted Kaczynski tinham como alvo justamente as empresas de tecnologia e sua capacidade de controlar a vida das pessoas, conforme exposto em seu escrito *A sociedade industrial e seu futuro*. Para além das controvérsias em torno da relação de Ted Kaczynski com o anarquismo e os anarquistas, seu caso expõe dois deslocamentos contemporâneos importantes do tema do livro de Chamayou: a narrativa da busca de Kaczynski por mais de uma década como uma caçada humana espetacular, acompanhada em tempo real pela grande mídia (num tempo pré-redes sociais digitais) e a migração das técnicas de contrainsurgência do Pentágono (militar) para o FBI (policial).

Por fim, em meio às caçadas que seguem, há algo decisivo que o livro de Chamayou, as formulações e lutas dos anarquistas na metade do século XIX e a fuga de Kaczynski ensinam aos que são enquadrados na condição de caça: a fuga começa com a recusa da condição de vítima, sem dilemas. Essa é a atitude decisiva que pode levar à abolição dos caçadores-polícia, pois, como ensinou a fórmula de Albert Camus, *eu me revolto, logo, existimos.*

caças ao homem

história e filosofia do poder cinegético

introdução

Uma caça bastante inusitada ocorreu na França do século XV, no Château d'Amboise. O rei Luís XI, a quem concederam "o terrível prazer de uma caça a homens", perseguiu um condenado coberto por "pele de cervo recém-morto". Abandonado em algum lugar da propriedade e logo apanhado pela matilha real, o condenado morreu "despedaçado pelos cães".[1]

Traçar a história das caças ao homem é escrever um fragmento da ampla história de violência dos dominantes. É traçar a história das tecnologias de predação indispensáveis para instituir e reproduzir as relações de dominação.

A caça aos homens não deve ser aqui entendida como metáfora. Ela se refere a fenômenos históricos concretos, nos quais seres humanos foram rastreados, perseguidos, capturados ou mortos com métodos de caça. São práticas regulares e muitas vezes massivas, cujas primeiras manifestações foram teorizadas ainda na Antiguidade grega, antes de passarem por seu esplendor no período moderno, em sintonia com o desenvolvimento do capitalismo transatlântico.

A caça é definida como o "ato de caçar, de perseguir", o que "normalmente se refere à perseguição de animais",[2] porém caçar também significa "expulsar com violência, coagir, obrigar a sair de um local". Existe, portanto, uma caça que persegue e outra caça que expulsa as pessoas de um lugar. Uma caça que captura e outra que exclui. Duas

---

1 Carta de Robert Gaguin citada em Philippe de Commines, *Lettres et négociations de Philippe de Commines*, tomo I, Bruxelas, Devaux, 1867, p. 335.

2 *Dictionnaire de l'Académie françoise*, Paris, Guillaume, volume I, 1831, p. 335.

operações distintas, mas que podem se articular de maneira complementar: caçar os homens, quer dizer, persegui-los, normalmente significa que eles foram capturados, expulsos ou excluídos de uma ordem comum. Toda caça é acompanhada de uma teoria de sua presa, que explica por que motivo, em nome de que diferença, de que tipo de distinção, algumas pessoas podem ser caçadas e outras não. A história das caças ao homem está baseada, portanto, em técnicas de rastreamento e de captura, bem como em procedimentos de exclusão, de linhas de demarcação traçadas dentro da comunidade humana a fim de definir os homens caçáveis.

O triunfo do caçador – e seu prazer – não seria tão intenso se o homem caçado, afinal, não fosse um homem. A emoção suprema e a demonstração inconteste de superioridade social se manifestam no ato de caçar seres que sabemos ser homens, e não animais. Como escreveu Balzac em uma fórmula que aqui poderia nos servir de postulado, "a caça de homens é superior a qualquer outra caça devido à distância que existe entre os homens e os animais".[3] O reconhecimento dessa distância é, pois, necessário, porém é negado ao mesmo tempo. Aí reside seu próprio desafio: conseguir apagar a distância entre o homem caçado e a presa animal, não apenas teoricamente, mas também na prática, por meio da captura ou do abate. O reconhecimento tácito da humanidade da presa e, ao mesmo tempo, sua negação prática são duas atitudes contraditórias que constituem a caça ao homem.

Se há animalização, esta talvez se dê no sentido empregado por Hannah Arendt: "só se pode dominá-lo [o homem] inteiramente quando ele se torna um exemplar

---

3 Honoré de Balzac, *La Comédie humaine. Études de moeurs. Scènes de la vie politique*, Paris, Seuil, 1972, p. 197 [*A comédia humana: estudo de costumes*, São Paulo, Biblioteca Azul, 2012].

da espécie animal":[4] a dominação completa, de difícil alcance, não corresponde, pois, à animalização dos seres humanos de modo que eles deixem de ser "homens"; antes, corresponde à redução de sua humanidade à animalidade humana - uma animalidade que conserva seus notáveis recursos.

O problema principal está no fato de que caçador e caça não pertencem a espécies diferentes. A distinção entre predador e presa não está inscrita na natureza, por isso a relação de caça não está imune a uma inversão de posições; por vezes, as presas podem se juntar e passar a caçadoras. A história de um poder é também a história das lutas de resistência.

4 Hannah Arendt. *Origens do totalitarismo: Antissemitismo, imperialismo, totalitarismo*, trad. de Roberto Raposo, São Paulo, Companhia das Letras, 2012, p. 508.

01

caça aos bois bípedes

Sou levado a admitir que somos animais domesticados e declaro que há, realmente, uma caça ao homem.

Platão, *O sofista*[1]

A ciência de adquirir escravos de modo justo [...] é uma espécie de conhecimento militar ou cinegético.

Aristóteles, *Política*[2]

Um escravo [...] fugiu; seu nome é Hermon, também chamado de Nelos, sírio de nascimento [...], tem cerca de 18 anos, porte médio, é imberbe, tem pernas fortes, uma covinha no queixo, uma pinta no lado esquerdo do nariz, uma cicatriz no canto esquerdo da boca, no punho direito tem uma tatuagem com duas letras bárbaras [...]. Quem o trouxer receberá 2 talentos de bronze.

Papiro anônimo - Alexandria[3]

1 Platão, *Le Sophiste*, 222b, Paris, GF-Flammarion, 1969, p. 52.

2 Aristóteles. *Política*. I, 7, trad. de António Campelo Amaral e Carlos de Carvalho Gomes, Pontinha, Editora Vega, 2023, p. 71.

3 *Apud* Yvon Garlan, *L'Esclavage dans le monde grec*, Paris, Les Belles Lettres, 1984, p. 158.

Há uma advertência da filosofia grega que o pensamento político não levou suficientemente a sério, apesar da insistência dos antigos: o poder dos senhores está baseado na ação, realizada pelos próprios senhores, de captura violenta de seus súditos. A dominação pressupõe uma espécie de caça aos homens. Nosso livro parte dessa tese fundamental e examina suas implicações do ponto de vista dos dominados e das presas. Trata-se de um projeto que se ocupa de uma história e de uma filosofia dos poderes de caça e de suas tecnologias de captura.

Para os gregos, a caça ao homem não é apenas uma metáfora usada para se referir a jogos de sedução, à caça aos amantes, ou a armadilhas da sofística; é também uma prática literal, associada à instituição da escravidão. No que se refere à vida material, a cidade dependia do trabalho dos escravos, a começar por sua aquisição. Assim, em seu *História da Guerra do Peloponeso*, Tucídides conta que os atenienses, durante um combate, "tomaram Hícara, uma cidadezinha litorânea que, apesar de sicânia, era hostil aos egesteus" e "escravizaram-lhe os habitantes e entregaram-na aos egesteus".[1] As batalhas e as incursões militares eram umas das principais fontes de mão de obra servil.

Em *O sofista*, Platão insiste no fato de que a caça não se limita à perseguição de animais selvagens. Dentre os diferentes segmentos da arte cinegética, existe a arte da caça ao homem, que, por sua vez, é subdividida em várias categorias: "Definamos a pirataria, o tráfico de escravos, a tirania e a arte bélica de maneira geral como pertencentes à caça violenta".[2] Se todas essas formas não são igualmente toleradas – Platão condena, por exemplo, a pirataria, a "caça ao homem no mar", na medida em que ela transforma os que a praticam

1 Tucídides, *História da Guerra do Peloponeso*. VI, 62, trad. de Mário da Gama Kury, Brasília, Editora Universidade de Brasília, Instituto de Pesquisa de Relações Internacionais; São Paulo, Imprensa Oficial do Estado de São Paulo, 2001, p. 392.

2 Platão, *Le Sophiste*, 222c, Paris, GF-Flammarion, 1992, p. 52.

em "caçadores cruéis e sem lei" –,[3] a guerra surge como uma forma de caça de cidadãos legítima e digna. Algo semelhantes vale para Aristóteles: "Eis porque a arte da guerra será, num certo sentido, um modo natural de aquisição, de que a caça é uma parte, a ser utilizada contra as feras e mesmo contra aqueles homens que, destinados a ser governados, recusaram sê-lo, dado que este tipo de guerra é justo por natureza".[4]

A caça ao homem foi criada pelos filósofos gregos como uma "arte" ou uma técnica de poder. Existe uma "arte de aquisição de escravos". Desde o início, a dominação é questionada sob um ângulo tecnológico: o que os senhores precisam fazer para se tornar senhores? De que tipo de procedimento seu poder depende?

A principal característica da caça ao homem enquanto técnica de poder é ser não produtiva: ela não fabrica seu objeto, mas o obtém valendo-se de uma exterioridade. Seguindo a dicotomia clássica, ela não depende das técnicas de produção, mas de aquisição.[5] O grego se apropria de seus escravos da mesma forma como se apropria de um animal de caça ou dos frutos de uma colheita, ou seja, sem a necessidade de organizar sua produção. É nesse sentido que Aristóteles pode classificar a caça escravagista como um "modo natural de aquisição". Se a caça ao homem surge como uma técnica de poder, ela não figura, entretanto, entre as artes políticas de pleno direito. A modalidade cinegética do poder só pode ser exercida como condição de dominação econômica do senhor. Como tal, ela não se revela uma arte da *pólis*.

---

3 Platão, *Les Lois*, Livros VII a XII, 823b, Paris, GF-Flammarion, 2006, p. 73.

4 Aristóteles. *Política*, I, 8, *op. cit.*, p. 75.

5 Platão, em *O sofista*, estabelece uma distinção entre dois principais tipos de técnica: por um lado, as artes produtivas, que criam seu objeto, e, por outro, as artes de aquisição, que não criam seu objeto, mas se apropriam de coisas existentes.

O primeiro problema é sua justificativa. O que autoriza a caça ao homem?

A questão da legitimidade da captura está relacionada com um medo grego: o de ser caçado. No mundo antigo, paira a silhueta ameaçadora do *andrapodista*, o caçador de homem que captura cidadãos para vendê-los como escravos. Platão, que, como se diz, foi submetido à escravidão, evoca esse perigo. Sócrates, a quem foi oferecido exílio em Tessália, região conhecida por seus ladrões de homens, recusa a oferta e prefere continuar como escravo das leis em vez de se arriscar na escravidão dos homens.[6] É esse o motivo da insegurança do apátrida: o exílio, na medida em que equivale à retirada da lei, gera vulnerabilidade. O vínculo entre a saída da ordem da legalidade e a caça ao homem coloca os exilados e os apátridas no centro da questão das relações inter-humanas de predação.

Já que homens livres, cidadãos, podem ser submetidos à escravidão, como distinguir os escravos legítimos? Como diferenciar os homens caçáveis dos que não o são?

Uma solução seria negar o pertencimento de alguns homens à humanidade, reduzindo-os a uma animalidade bestial para que pudessem ser caçados. Ora, se nos textos gregos os escravos costumam ser *representados* como não humanos, o seu pertencimento mínimo à espécie não é, todavia, contestado no plano teórico. O fato de serem constantemente designados por fórmulas paradoxais ("bois bípedes", "instrumentos animados"), que tanto negam quanto concedem sua humanidade, faz com que eles se pareçam mais com *humanoides*:[7] seres de *forma* humana, cuja humanidade se reduz ao seu corpo. A distância que separa a natureza do escravo da natureza do senhor é vista como

6 Veja o comentário de Henri Joly sobre o Crito, *Études platoniciennes: la question des étrangers*, Paris, Vrin, 1992, p. 16.

7 Richard Bodeüs, "Les considérations aristotéliciennes sur la brutalité", em Barbara Cassin e Jean-Louis Labarrière, *L'animal dans l'Antiquité*, Paris, Vrin, 1997, pp. 247-258, p. 254.

análoga – e não idêntica – àquela que permite diferenciar o homem do animal. De acordo com a fórmula de Aristóteles, são escravos por natureza "aqueles homens que se diferenciam entre si tanto quanto a alma se diferencia do corpo ou o homem do animal".[8]

O que lhes é negado não é exatamente o pertencimento à espécie humana, mas antes a sua participação na mesma forma de humanidade de seus senhores. Haveria, pois, diversas categorias de humanos na humanidade, seres dotados de naturezas distintas e, por extensão, de destinos sociais diferentes: alguns são feitos para comandar, outros, para obedecer. Os escravos por natureza, capazes de compreender a razão sem, porém, poder exercê-la, devem seguir as ordens dos que a possuem. A tese é bastante conhecida: existem homens cujos corpos são mais dominantes do que suas almas. Tais homens são escravos por natureza – e presas por natureza.

A escravidão está inscrita aqui no estatuto ontológico do dominado, assim como numa tendência natural de existir como um ser-para-a-dominação. Porém, essa natureza não é mais do que a projeção, por parte dos senhores, de seu desejo de poder, que é objetivada em uma teoria da essência de suas presas.

A principal contestação a essa teoria estava na própria realidade: as presas por natureza recusavam a sua condição, resistindo à captura e à servidão.

Em *As leis*, Platão evoca o mesmo problema de forma original, escusando-o de qualquer questão de legitimidade: se os escravos representam um problema, é porque eles formam um "rebanho inconveniente".[9] A dificuldade está em seu estatuto particular, o de rebanho humano. Devido a essa situação contraditória, não aceitam a necessária distinção entre homens livres e escravos. Pode-se dizer que é própria

8 Aristóteles, I, 5, *op. cit.*, p. 63.

9 Platão, *Les Lois*, Livros I a VI, VI 777b, Paris, Flammarion, 2006, p. 320.

ao homem a capacidade de contestar sua exclusão da humanidade. A solução prática seria, então, inventariar as técnicas que permitem mantê-los na divisão categórica que eles tanto recusam. Embora Platão não mencione aqui a captura violenta, pode-se dizer que esta constitui, desde a Antiguidade, a primeira das tecnologias políticas de divisão humana.

O caso dos escravos fugitivos ou das presas rebeldes produz uma crise na ordem da dominação. Ao escapar e resistir, eles deixam de corresponder à sua suposta essência. Para reestabelecer a ordem ontológica desrespeitada, resta um único recurso: a força. A caçada violenta será então exercida, sob a forma de guerra, contra homens que, nascidos para serem comandados, se recusam a sê-lo. Dito de outra maneira, não há solução para as presas que se recusam a ser presas senão a dominação.

Em última análise, a resposta ao problema teórico da caça ao homem é a prática da própria caça: há o paradoxo de que ela se autoriza a partir de uma divisão supostamente natural, que ao ser instituida comprova, ela mesma, sua não naturalidade. De fato, a ordem natural aqui apontada como fundamento do poder cinegético só pode se realizar em virtude de todo um arsenal de artifícios.

Ora, a violência cinegética não se manifesta apenas no momento da primeira aquisição, mas segue como forma de governo. A caça continua após a captura.

Em Esparta, durante um longo período de aprendizagem, os jovens guerreiros eram enviados ao campo para uma caça especial, a Cripteia, assim descrita por Plutarco: "Durante o dia, esses jovens rapazes, espalhados em lugares cobertos, se escondiam para descansar: quando a noite chegava, desciam pelas estradas e degolavam os hilotas que encontrassem pelo caminho. Frequentemente, iam até os campos e matavam os melhores e mais fortes".[10]

10 Plutarco, "Life of Lycurgus", 28, 2-5. In *Lives*, vol. 1, trad. de Bernadotte Perrin. Loeb Classical Library edition, Cambridge, MA: Harvard University Press, 1914, p. 291.

Várias hipóteses foram levantadas para explicar essa prática: treinamento militar, medida de intimidação contra uma população servil superior em número, operação secreta de polícia a fim de "liquidar" os hilotas mais perigosos... O historiador Jean Ducat insiste na função social e representacional da caça aos hilotas, um rito de iniciação cujo alcance se estendia à comunidade como um todo: "A Cripteia era como uma aprendizagem – ou a representação – de uma caça selvagem. [...] Toda caça pressupõe uma presa; o hilota, cujas vestimentas especiais se assemelham a um animal, é essa presa". O hilota vestia uma pele de cão, ao passo que o cripta se vestia com a pele de um lobo: "Na caça noturna, por meio de um procedimento de inversão que é bastante comum nos ritos de passagem, é o animal-presa que captura o animal-caçador, é o homem-animal selvagem que abate o homem-animal doméstico".[11] Os filhos dos senhores, passando-se por animais, reencenavam a cena primitiva da conquista. O assassinato arbitrário ostentava com um brilho sangrento a verdade do poder. Eis uma demonstração de *quem* era o senhor.

Tucídides escreveu: "[N]a verdade, a maioria das medidas adotadas pelos lacedemônios visava sempre a protegê-los contra os hilotas".[12] Mas uma revolta dos hilotas era menos temida do que um apagamento progressivo das fronteiras sociais. A Cripteia destinava-se sobretudo a lembrar o caráter absoluto desses limites. A caça ao homem aparece aqui como um modo de *policiamento ontológico*: uma violência com o objetivo de manter os dominados associados aos seus conceitos, isto é, aos conceitos que lhes foram atribuídos pelos dominantes.

11 Jean Ducat, "Le Mépris des Hilotes", *Annales*, Vol. 29, N.º 6, 1974, pp. 1451-1464, pp. 1456-1459.

12 Tucídides, *História da Guerra do Peloponeso*, IV, 80, *op. cit.*, p. 392.

A violência cinegética aparece nesse primeiro momento como a condição originária e desdobrada ao mesmo tempo do poder dos senhores. Nessa condição, ela permanece externa à esfera política da Cidade. Ela se apresenta como a tecnologia de um poder, mas de um poder extrapolítico. Quanto a isso, uma mudança conceitual significativa se realizará. Bem mais tarde, num contexto de pensamento político diferente, as motivações que levam à caça ao homem e ao poder serão combinadas em um novo arranjo.

Nemrod

"Nimbrod Filius Chus", em Athanasius Kircher, *Turris Babel*, Amsterdã, Janssonius van Waesberge, 1679, p. 112.

02

Nemrod, ou a soberania cinegética

A história marcou seus monumentos
com crimes desses primeiros reis;
a guerra e as conquistas não passam
de caças aos homens.

Rousseau, *Ensaio sobre a origem das línguas*[1]

Olhem para eles, são atrozes e impressionantes; suas manchas fazem parte de sua beleza. Este é Nemrod, o caçador de homens [...].

Victor Hugo, *Napoleão, o pequeno*[2]

---

1 Jean-Jacques Rousseau, *Essai sur l'origine des langues*, Paris, Aubier-Montaigne, 1974, p. 126 ["Ensaio sobre a origem das línguas", trad. Pedro Paulo Pimenta, em *Rousseau - Escritos sobre a política e as artes*, São Paulo, ubu, 2020].

2 Victor Hugo, *Napoléon le Petit*, Amsterdã, Stemvers, 1853, p. 270.

Gênesis conta a história de Nemrod, filho de Cuch, neto de Cam, fundador de Babel e o primeiro rei a conhecer a Terra: "Cuch gerou Nemrod, que foi o primeiro potentado sobre a terra. Foi um valente caçador diante de Iahweh".[3] Essa curta passagem deu origem a longas interpretações.

Em que sentido Nemrod é chamado de *caçador*? O comentário do Zohar esclarece: "Pela palavra 'caçador', a Escritura não designa um caçador de animais, mas um caçador de homens".[4] Um exegeta acrescenta: "Moisés não se preocupa se Nemrod foi propriamente um caçador; para ele, a caça aos animais serviu de transição para a caça aos homens. É nesse sentido que foi chamado de 'valente caçador', e é assim que, de modo inverso, Davi será considerado 'um pastor dos povos'".[5]

Após o dilúvio, Deus ordenou que os homens povoassem a Terra. Nemrod desobedeceu à ordem e os reuniu à força.[6] É por isso que ele é chamado de "caçador de homens": para se tornar rei, ele capturou os súditos lançando mão da violência. Ele capturou seu povo.

A autoridade de Nemrod - o primeiro soberano - não tem outro fundamento senão a força. Nemrod pratica o rapto dos homens, espolia os patriarcas da autoridade primitiva e viola o comando divino.

Na tradição bíblica, o poder do soberano encontra-se desde o início sob o signo da caça ao homem. Essa motivação, que os gregos reservavam principalmente para a análise do poder econômico do senhor, é orientada para se pensar a soberania política. A teoria do senhor de escravos e a teoria

---

3 *Bíblia de Jerusalém*, *Gênesis*, 10:8-9, São Paulo, Paulus, 2002, p. 47.

4 *Sepher Ha-Zohar*: *Le Livre de la Splendeur. Commentaire sur le Deutéronome*, Maisonneuve et Larose, Paris, 1985, Vol. VI, p. 101.

5 Friedrich Julius Wilhelm Schroeder, *Premier livre de Moïse - Commentaire*, Paris, Ducloux, 1850, Vol. I, p. 282.

6 Segundo uma etimologia algo incerta, "Nemrod" é derivado da palavra hebraica *mārad*, que significa "rebelar-se", com a ambiguidade de que, nessa forma, a palavra significaria, na forma passiva, aquele contra quem se rebela. Nemrod parece ser tanto aquele que desobedece, quanto aquele que provoca a desobediência.

do rei caçador são sobrepostas para a elaboração de uma terceira teoria: da soberania cinegética.

Quando Jean Bodin, por exemplo, busca definir a "monarquia senhorial", ele está se referindo a dois modelos conjuntamente: "A primeira monarquia foi estabelecida na Assíria, sob o poder de Nemrod, que a Escritura denomina poderoso dominador, uma forma vulgar de falar para os hebreus, como quem diz 'ladrão'; inclusive Aristóteles e Platão colocaram o banditismo como forma de caça".[7] O rei da monarquia senhorial é um rei-senhor cuja soberania política é proporcional à dominação do senhor sobre os escravos.

Será necessário confrontar o poder de dominação tirânica com o poder baseado na lei, a captura violenta com a adesão voluntária. Um movimento que se efetiva apenas no período moderno, com o surgimento de teorias contratuais de soberania que não esquecerão da figura de Nemrod.[8] Muito antes, porém, essa personagem foi empregada como contraponto a uma forma distinta de poder.

Na Bíblia, logo após o retrato do rei caçador, vem o de Abraão, o pastor. O contraste é notável: de um lado, Nemrod, tirano cruel e idólatra, do outro, Abraão, pastor pacífico e virtuoso. O primeiro, caçador conquistador, glorifica a si mesmo, levado pela paixão de dominar; o segundo, humilde pastor, obtém a glória apenas pela obediência ao Senhor e pela devoção ao rebanho. O paralelo entre as duas personagens

---

7 Jean Bodin, *Les Six Livres de la République*, Cartier, 1608, p. 273.

8 Nessas teorias, a imanência da força será contrastada com a imanência do consentimento. O tema surgiu durante a Guerra Civil Inglesa de 1640-1650. O movimento revolucionário dos Levellers, que defendia o igualitarismo radical, usou a teoria da conquista e a genealogia bíblica do primeiro poder monárquico para desafiar a legitimidade da autoridade soberana e opor-lhe o livre acordo dos sujeitos, portadores de direitos naturais. Quando John Lilburne, apelidado de "Freeborn John", um dos maiores panfletários dos Levellers, atacou o poder absoluto de Cromwell em 1649, ele naturalmente o comparou "àquele grande e poderoso caçador, Nemrod". Cf. David Loewenstein, *Representing revolution in Milton and his contemporaries*, Cambridge, Cambridge University Press, 2001, p. 43. Da mesma forma, muito mais tarde, Rousseau, em *Émile*, levanta a questão de saber se a força pode formar um direito permanente, e ele faz referência explícita à "força do rei Nemrod, que, conforme o que dizem, subjugou os primeiros povos". Cf. Jean-Jacques Rousseau, *OEuvres complètes*, Paris, Gallimard, 1959, Vol. IV, p. 837.

torna-se um tópos do comentário da Escritura, retomado diversas vezes pela vulgata e seus pregadores: "O primeiro rei da Babilônia foi um forte caçador; o primeiro chefe de Israel foi um pastor". Enquanto "o caçador só pensa em pegar e matar", o pastor "ama suas ovelhas, ele as conhece; chama-as pelo nome, anda à frente delas, conduzindo-as a um bom pasto [...], cuida de seus ferimentos, carrega-as nos braços quando estão demasiado cansadas, [...] procura-as pelos montes e vales quando se perdem, leva-as contente sobre seus ombros, vigia-as noite e dia, defendendo-as do risco de suas vidas contra os lobos".[9]

O que está em jogo na confrontação dessas duas personagens se situa muito além da função didática dos dois exemplares bíblicos. Nessa simetria e nessa oposição dos termos, são definidos dois modelos do poder político que tudo divide.

Michel Foucault identificou, a partir da tradição hebraica, a emergência do poder pastoral. Acredito, porém, que falte uma peça fundamental nessa genealogia. Contra o que exatamente o pastorado está se confrontando? No Antigo Testamento, explica Foucault, "os maus reis, os que são denunciados como tendo traído sua missão, são designados como maus pastores, nunca individualmente, aliás, mas globalmente [...]".[10] Mas a figura do rei ruim não se limita ao caso do pastor débil. O verdadeiro contraponto do poder pastoral, aquele que se opõe a ele não como um mero fracasso, mas como sua antítese, simultaneamente seu duplo invertido e sua figura repulsiva, é Nemrod, o caçador de homens. Na longa história da tematização do poder que começa com a tradição hebraica, existem, na verdade, dois termos que se

9 René François Rohrbacher, *Histoire universelle de l'Église Catholique*, Paris, Gaume, 1857, Tomo I, p. 312.

10 Michel Foucault, *Segurança, território, população*, trad. de Eduardo Brandão, São Paulo, Martins Fontes, 2008, p. 167.

enfrentam: Nemrod e Abraão, poder cinegético e poder pastoral.

Quais são as características dessa oposição? O primeiro princípio do poder pastoral é a sua transcendência. Deus é o pastor supremo, mas ele confia seu rebanho a pastores subordinados. O esquema é o de uma dependência total e de uma submissão completa dos pastores humanos à autoridade divina. Com Nemrod, acontece o inverso: longe de receber seu povo da mão de Deus, ele o captura à força, com suas próprias mãos. O reino do rei caçador não é apenas o primeiro poder sobre a Terra, mas também o primeiro poder propriamente *terrestre*, cuja autoridade não é herdeira de uma fonte transcendente. Nemrod é a primeira figura da imanência do poder.[11] Sua racionalidade é mais física do que uma teologia do poder.[12] É esta, pois, a primeira grande característica de oposição entre o poder cinegético e o poder pastoral: imanência da relação de força ou transcendência da lei divina como fundamento da autoridade política.

Para Foucault, o poder pastoral era definido por três outras características: o fato de ser exercido sobre uma multiplicidade em movimento (rebanho), de ser fundamentalmente benéfico (cuidar das ovelhas) e de individualizar os súditos (conhecer individualmente cada uma de suas ovelhas). Poder móvel, benevolente e individualizante. Ora,

---

11 Hegel, ao comentar Flávio Josefo (*Antiquités judaïques*, I, cap. IV, 2), faz de Nemrod a figura da imanência da força, opondo-o ao obediente Noé: "Ele se defendeu contra a água com a ajuda de muros, era um caçador e um rei. Assim, na luta contra o estado de necessidade, os elementos, os animais e os homens deveriam se submeter à lei do mais forte, mas [era a lei] de uma pessoa viva. Noé protegeu-se do poder hostil submetendo-o, tanto ele quanto o poder, a um ser mais poderoso, e Nemrod o domesticou ele mesmo". Hegel, *L'Esprit du christianisme et son destin*, precedido por *L'Esprit du judaïsme*, Paris, Vrin, 2003, p. 66.

12 O Zohar diz que as roupas de Nemrod vieram de Adão: "Elas caíram nas mãos de Nemrod; e foi graças a esses trajes que Nemrod se tornou um grande caçador". Ora, com as roupas de Adão, o "Zohar se refere às leis da natureza, ou da ciência física, como hoje se costuma dizer, que Deus revelou a Adão. É certo [...] que, de acordo com o Zohar, Nemrod, ao explicar todos os fenômenos aos homens por meio de leis naturais, os convenceu de que eram essas leis que reinavam soberanamente no mundo", *Sepher Ha-Zohar*: *Le Livre de la Splendeur*, *op. cit.*, p. 101.

tal como apresentado pela tradição, o poder cinegético se opõe ponto a ponto a essa tripla caracterização.

O poder cinegético é exercido sobre as presas, sobre os seres vivos que escapam e fogem, gerando um problema duplo: como capturá-los? Como mantê-los presos uma vez que foram capturados? Esse poder também é móvel, porém ele tem uma mobilidade diferente daquela do pastoreio: enquanto o pastor caminha à frente do seu rebanho para guiá-lo, o caçador persegue suas presas para apanhá-las. Mas essa não é a principal diferença. Na verdade, apesar de sua mobilidade, o poder cinegético continua sendo um poder territorial. Enquanto o pastor conhece apenas um tipo de espaço, o pasto, o caçador costuma circular entre dois espaços, ou, mais exatamente, entre um *espaço* e um *território*: Nemrod é, ao mesmo tempo, um caçador e um fundador de cidade. Ele reina em Babel, mas frequentemente penetra o espaço externo com a finalidade de caçar as presas que trará e empilhará entre seus muros. Trata-se de um poder urbano, cujo exercício não se limita a uma unidade circunscrita da cidade: tudo acontece na relação entre o território da cidade e seu espaço externo, em um movimento de anexação que ininterruptamente extrai do lado de fora para acumular no seu interior. Ainda que se desenvolva a partir de um território, o poder de Nemrod, em sua extensão predadora, não se limita a nenhuma fronteira externa. Ele é exercido a partir de um território de acumulação, sobre os recursos de uma exterioridade indefinida. Se Nemrod caça e constrói ao mesmo tempo, isso se dá porque uma atividade é a condição para a existência da outra: ele caça para construir. O poder cinegético reúne o disperso, centralizando-o e acumulando-o segundo uma lógica ilimitada de anexação. Eis a imagem de Babel: o acúmulo da caça se traduz no empilhamento vertical que atingirá o céu. Os homens capturados são colocados para construir a cidade que os cerca. A dinâmica do poder cinegético é orientada por esses dois vetores: centralização por anexação dos recursos exteriores, verticalização por acúmulo das presas em um território interno.

Assim, enquanto o poder pastoral guia e acompanha uma multiplicidade em movimento, o poder cinegético se espalha a partir de um território de acúmulo sobre um espaço de captura. Enquanto o poder pastoral se revela, em essência, benevolente, o poder cinegético é predador. Se o pastor Moisés foi escolhido como pastor político do povo de Israel, foi porque ele demonstrou qualidades aplicáveis ao governo dos homens através da sua capacidade de liderar rebanhos. O oposto disso é o que descreve Salisbury: "A arrogância do tirano [...] não teve outro fundador senão aquele que aprendeu a desprezar o Senhor ao massacrar os animais selvagens e manchar-se com seu sangue".[13] Da mesma maneira que o pastoreio prepara o bom governador, a caça educa para a tirania. Enquanto o poder pastoral obedece a uma racionalidade administrativa de expansão dos recursos internos, o poder cinegético impõe uma lógica de pulsão e extração. No imaginário medieval, Nemrod é o símbolo do poder fiscal: "Quando ele capturava um homem ou uma mulher, antes de soltá-los, fazia essa pessoa prometer que pagaria, a ele ou a seu herdeiro, um boi ou uma quantidade de trigo todos os anos".[14] Se, por um lado, o pastor se preocupa com a vida e com a saúde dos seus súditos, por outro, o caçador retira e consome - se for preciso, até o esgotamento e a morte.

Assim, enquanto o poder pastoral é um poder individualizante - no sentido de que o pastor deve dirigir uma atenção individual a cada uma das ovelhas -, o poder cinegético, operando por meio da divisão, o faz conforme uma óptica de acúmulo. A caça começa fragmentando o grupo de presas a fim de isolar as mais vulneráveis. Trata-se de

---

13 *Apud* Philippe Buc, "Pouvoir royal et commentaires de la Bible (1150-1350)", *Annales*, Vol. 44, N.º 3, 1989, pp. 691-713, p. 698.

14 Cf. Claude Thomasset, *Commentaire du Dialogue de Placides et Timeo*, Genebra, Droz, 1982, p. 217.

um procedimento de divisão: separar o indivíduo do grupo. Mas se ela isola suas presas, é apenas para reagrupá-las de maneira mais eficiente num segundo momento. Em uma inscrição monumental, o rei Assurbanípal "se gaba por ter matado, com suas próprias mãos, 450 leões imensos, 390 touros selvagens, por ter subido em suas carcaças; e também por ter decapitado 200 avestruzes, por ter capturado em armadilha 30 elefantes e por ter apanhado, vivos, 50 touros selvagens, 140 avestruzes e 20 imensos leões".[15] O poder cinegético acumula; não individualiza.

Já que é sua função trabalhar para a salvação dos seus súditos, o poder pastoral é tomado segundo uma dialética do todo e das partes, e convive com dilemas do tipo: deve-se sacrificar uma ovelha para salvar o resto do rebanho? Nada disso acontece no poder cinegético: todos podem muito bem morrer. Em caso de perdas, ele sempre está apto a procurar outros recursos no exterior. Esse poder não se orienta por nenhum imperativo de preservação. Consequentemente, não existe para ele nenhuma escolha a ser feita entre a vida de um ou de outro, não existe nenhuma problemática relativa ao sacrifício.

O cristianismo amplia a oposição entre o poder pastoral e o poder cinegético. Ela lhe é útil principalmente para distinguir modalidades espirituais e temporais do governo dos homens.

O Evangelho diz: "Estando ele a caminhar junto ao mar da Galileia, viu dois irmãos: Simão, chamado Pedro, e seu irmão André, que lançavam rede ao mar, pois eram pescadores. Disse-lhes: 'Segui-me e eu farei de vós pescadores de homens'. Eles, deixando imediatamente as redes, o

---

15 Pierre Briant, "Chasses royales macédoniennes et chasses royales perses: le thème de la chasse au lion sur la Chasse de Vergina", em *Dialogues d'histoire ancienne*, Vol. 17, N.º 1, 1991. p. 219.

seguiram".[16] O proselitismo cristão tem nessa passagem uma de suas grandes metáforas: a pesca de homens. Para reunir seus fiéis, o cristianismo não caça; ele pesca.

Hobbes comenta: "Isso é comparado pelo nosso Salvador com a pesca, isto é, com ganhar os homens para a obediência, não pela coerção e pela punição, mas pela persuasão; por isso ele não disse aos apóstolos que faria deles outros tantos Nemrods, ou *caçadores de homens*, e sim *pescadores de homens*.".[17] O direito de coagir é oposto ao de persuadir. Nessa tradição, o poder político do soberano se diferencia daquele da Igreja, estritamente espiritual.[18]

O que emerge com a história de Nemrod é todo um continente esquecido do pensamento político ocidental. Se Foucault disse que, a partir do surgimento do pastoralismo hebraico e, na sequência, cristão, a política foi amplamente considerada uma questão de pastoreio,[19] poderíamos acrescentar que ela foi igualmente uma questão de caça, embora conforme uma genealogia paralela e oposta.

---

16 *Bíblia de Jerusalém*; Mateus 4:18-20, *op. cit.*, p. 1709.
[N. E.] A passagem também aparece no Evangelho segundo Marcos: "Caminhando junto ao mar da Galileia, viu Simão e André, irmão de Simão. Lançavam a rede ao mar, pois eram pescadores. Disse-lhes Jesus: 'Vinde em meu seguimento e eu farei de vós pescadores de homens'. E imediatamente, deixando as redes, eles o seguiram", Marcos 1:16-18, *op. cit.*, p. 1760.

17 Hobbes, *Leviatã*, 3ª parte, cap. XLII, trad. de João Paulo Monteiro e Maria Beatriz Nizza da Silva, São Paulo, Martins Fontes, 1999, p. 417.

18 Se Nemrod serve primeiro para distinguir as formas de poder religioso e as de poder político, o tópos do rei caçador também se desenvolveu como arma para a crítica da autoridade monárquica. Na Idade Média, contrastavam o bom rei pastor e o mau "rei vingativo". No humanismo renascentista, havia a figura repulsiva do "rei devorador", um soberano que havia se tornado "em vez de um pastor do povo, um devorador do povo". Cf. Guillaume de Salluste Du Bartas, *La seconde semaine*, Paris, S.T.F.M., 1992, Vol. 2, p. 313. Nas lutas internas da religião cristã, o tema de Nemrod foi retomado por movimentos antipapistas e voltado contra a hierarquia eclesiástica, principalmente por Lutero.

19 Michel Foucault, *Segurança, território, população*, *op. cit.*, p. 174.

03

ovelhas sarnentas e homens--lobos

A igreja devorando seu rebanho (1539).

Frontispício de Urbanus Rhegius,
Wie man die falschen Propheten erkennen, ja greiffen mag, Wittenberg, 1539.

Se as consequências dessa fé terrível eram cruéis, é preciso admitir que elas também eram lógicas. Um rei é um pastor de homens, e o pastor deve curar a ovelha sarnenta, ou matá-la, sob pena de ver seu rebanho infectado.

Eugène Mouton, *As leis penais da França*[1]

A palavra *wargus* significava lobo e fora da lei, pois o homem banido, assim como a presa, é um habitante da floresta e, tal como o lobo, pode ser morto impunemente.

Jacob Grimm, *Antiguidades do direito alemão*[2]

1 Eugène Mouton, *Les Lois pénales de la France*, Paris, Cosse, 1868, Vol. 2, p. 304.

2 Jacob Ludwig Karl Grimm, *Deutsche Rechtsalterthuemer*, Göttingen, Dieterichschen Buchhandlung, 1854, p. 733.

Em 1329, Simon Roland, de Carcassonne, suspeito de ainda estar "infectado pelos erros heréticos tantas vezes condenados pela autoridade dos papas", foi levado a julgamento perante a Inquisição. As frases que ele ouviu durante a sua condenação certamente já haviam sido pronunciadas dezenas de vezes pelos juízes: "Nós, os Pilfors, bispos dos Pamiers pela graça de Deus, [...] temendo que, como uma ovelha sarnenta, você contamine as outras ovelhas do rebanho, [...] o declaramos um herege obstinado e, como tal, te abandonamos ao braço secular".[3]

Como vimos, o pastoreio cristão se opunha ao poder cinegético: pesca das almas em vez de caça ao homem, persuasão em vez de coerção. O poder pastoral havia sido definido como uma anticaça. No entanto – e aí está o paradoxo –, ele também desenvolveu práticas cinegéticas, suas próprias caças ao homem, *as caças pastorais*.

O que diferenciava fundamentalmente o modelo pastoral do modelo cinegético, o que proibia radicalmente ao primeiro qualquer relação de predação, era o imperativo de cuidado e de proteção. Poder protetor *versus* poder predador: essa era a linha de oposição. Ora, as caças pastorais se desenvolveram exatamente em nome da proteção do rebanho. Para proteger o rebanho, às vezes é preciso caçar certas ovelhas, sacrificar algumas delas, a fim de salvar todas as outras. Aqui, não estamos mais, como antigamente, em uma lógica de extração predatória, mas em uma racionalidade de ablação salutar ou exclusão benéfica.

A partir do imperativo divino "apascenta meus cordeiros", decorreram várias prerrogativas do poder pastoral: "Todo pastor", resumia o cardeal Bellarmino, "deve ter três tipos de poderes para defender sua tropa: um poder sobre os lobos, para impedi-los de destruir suas ovelhas; um poder sobre os carneiros, para impedir que eles machuquem as

3 *Apud* Étienne-Léon de La Mothe-Langon, *Histoire de l'Inquisition en France*, Paris, Dentu, 1829, Tomo III, p. 210.

ovelhas; e um poder sobre as ovelhas em geral, para lhes oferecer o pasto necessário. No caso de um dos príncipes do rebanho transformar-se em carneiro ou em lobo, não deve o vigário de Cristo ter o poder de caçá-lo?".[4]

A imagem preferida das caças pastoris de exclusão é a imagem sanitária: metáforas de doença, de gangrena ou de epidemia. É preciso impedir que a infecção se alastre, prevenir o contágio geral. Segundo as fórmulas do direito canônico, "As carnes pútridas devem ser cortadas e a ovelha sarnenta deve ser afastada do redil, a fim de que toda a casa, a massa, o corpo e as ovelhas não ardam, corrompam-se, apodreçam e morram".[5]

A essa imagética respondem as técnicas de localização, exclusão e eliminação dos elementos perigosos. Teoria da ovelha sarnenta e práticas correspondentes de investigação, exclusão, excomunhão e queima na fogueira. A grande tarefa da Inquisição consistia em identificar os indivíduos hereges, o que supunha toda uma atividade de vigilância e de controle, todo um sistema de arquivos sem precedente. Foi também o que aconteceu, no limiar da modernidade, com as caças às bruxas: "O combate contra a bruxaria consistia em descobrir as suas identidades, mais que encontrar seus esconderijos. A caça se realizava principalmente pela busca, pela identificação dos sujeitos".[6] Ao se tornar caçador, o poder pastoral desvia para fins repressivos todos os procedimentos de individualização que, originalmente, se destinavam ao cuidado dos sujeitos.

Por atingirem membros da comunidade, as caças pastorais implicam um gesto de exclusão: é a excomunhão que priva os fiéis dos sacramentos, da entrada na igreja, da

---

4 Bellarmino, *De pontif. Rom*, Lib. 5, cap. 7, *apud Abrégé de l'histoire des papes, depuis St. Pierre jusqu'à Clément XII*, 1739, p. 181.

5 Direito Canônico, *Decreto XXIV, Q. 3, apud* São Tomás de Aquino, *Suma Teológica*. II, II, Q. XI, art. 3, São Paulo, Editora Loyola, 2012, Vol. 5, p. 183.

6 Brian P. Levack, *La Grande Chasse aux sorcières en Europe aux débuts des Temps modernes*, trad. J. Chiffoleau, Seyssel, Champ Vallon, 1991, p. 14.

comunhão das orações e do convívio social com os demais fiéis. Mas o excomungado não é apenas expulso do rebanho. Como a proteção do seu pastor lhe é retirada, ele fica exposto a todo tipo de predação, abandonado a uma morte física e espiritual, "como alguém que à noite lançasse uma ovelha para fora do curral ou do estábulo, provavelmente atirando-a aos lobos".[7]

Este ponto é fundamental: diferente das caças de aquisição, as caças de exclusão pastorais tendem a eliminar os subalternos. Não se trata de capturar presas, mas de suprimir os animais que passaram a ser perigosos. A teologia cristã é muito clara em relação a isso, ao menos na pena de São Tomás de Aquino: os hereges, escreve ele, "mereceram não somente serem excluídos da Igreja pela excomunhão, mas também do mundo pela morte"; a ovelha sarnenta é, então, abandonada "ao juízo secular para que seja excluída do mundo pela morte".[8] Mas em que se fundamenta esse direito de matar? O doutor evangélico o estabelece em analogia ao direito que os príncipes têm de executar os falsificadores de moedas. Também o herege falsifica o autêntico e faz circular o falso. E, ainda mais grave, ao falsificar o dogma, ele questiona o monopólio eclesiástico sobre a expressão da verdade. Sendo assim, ele ameaça a autoridade. Por isso, deve ser eliminado. É preciso considerar que esse jogo entre a gestão pastoral dos sujeitos, o monopólio da produção de verdade e o poder de exclusão continuará funcionando ainda por muito tempo, para além do estrito contexto eclesiástico, em diferentes instituições – partidos, Estados, organizações, que funcionarão segundo o modelo do dogma, a exclusão e o expurgo.

---

7 Jacques Eveillon, *Traité des excommunications et monitoires*, Paris, Couterot, 1672, p. 28.

8 São Tomás de Aquino, *Suma Teológica*, *op. cit.*, p. 183.

As caçadas de exclusão não são restritas aos poderes religiosos. Há muito tempo os soberanos também excluem e banem.

Nos antigos direitos nórdicos e germânicos, as pessoas banidas são literalmente consideradas "fora-da-lei". Expulsas da ordem legal, elas se tornam presas de uma batida popular. Qualquer um poderia matá-los impunemente. O "fora-da-lei" – o *Utlag* dos anglo-saxões e o *Out-law* dos escoceses – também é, em islandês, chamado de lobo, *Vargr*, indicando "que o excluído da sociedade dos homens estava condenado a perambular pelas florestas como um animal selvagem". O banido que permanecesse no território era descrito "como o lobo no santuário, [...] e era representado com uma cabeça de lobo".[9]

O lobo é o animal feroz que ameaça o rebanho: se o indivíduo banido está associado a um lobo, é porque ele deve ser abatido, como o lobo. Robert Jacob escreve que "a linguagem da lei indica que, aos seus olhos, ele se tornou um animal nocivo, cuja liquidação física não é apenas permitida, mas recomendada".[10]

Nos campos, velhos cães de pastores às vezes voltavam à floresta para atacar o rebanho. Depois de experimentarem o sabor do sangue, transformavam-se em predadores. Nesses casos, era necessário abater o animal desertor. Essa experiência da metamorfose, conhecida entre as sociedades de pastores, mobiliza o imaginário penal dos homens-lobos. O mito do lobisomem tem sua origem aí. Embora ecoe práticas imemoriais, os historiadores observam que esse vocabulário só ingressa de maneira relevante na linguagem jurídica a partir do século XII,[11] sob influência do pastoralismo cristão.

---

9 Albert Du Boys, *Histoire du droit criminel des peuples modernes*, Paris, Durand, 1854, pp. 122-124.

10 Cf. Robert Jacob, "Bannissement et rite de la langue tirée au Moyen Âge", *Annales*, Vol. 55, N.º 5, pp. 1039-1079, p. 1043.

11 Desde Grimm, a tendência na historiografia alemã tem sido de rastrear esse tema até a mais recôndita antiguidade germânica, mas Jacoby demonstrou que os termos formados a partir da raiz *warg* não remetem sistematicamente ao animal lobo antes do século XII. Cf. Michael Jacoby, *Wargus, vargr, Verbrecher, Wolf. Eine sprach und rechtsgeschichtliche Untersuchung*, Uppsala, Almqvist & Wiksell, 1974.

Historicamente, a exclusão penal do banido é tripla: exclusão da comunidade, da legalidade e da segurança.

Em primeiro lugar, ocorre a exclusão comunitária. Assim como nos casos da excomunhão religiosa, o indivíduo condenado é banido da comunidade dos homens. Trata-se de ostracismo. A medida não cabe apenas ao exilado; sob pena de sanção, a comunidade inteira se vê impedida de manter qualquer relação com ele. Conversar com o banido, oferecer-lhe hospitalidade, alimentá-lo significa um delito, sobretudo para as pessoas que lhe são mais próximas: "Qualquer pessoa [...] que lhe tiver oferecido pão ou abrigo, seja sua própria mulher ou um parente próximo, será considerada culpada", estabelecia a lei sálica.[12] Toda e qualquer solidariedade passou a ser proibida.

Depois, a exclusão jurídica. Expulso das relações sociais, o indivíduo banido é igualmente banido do direito: "Retiraremos todos os seus direitos no país e te deixaremos em completa ilegalidade", estabeleciam alguns códigos de banimento.[13] O banido é, pois, deixado fora da lei, *ilegalizado.*

Em último lugar, a exclusão securitária. O condenado é colocado *para fora da palavra do soberano*, excluído do *sermo regis*, sermão de proteção que associa o soberano aos seus súditos.[14] A perda da proteção soberana abandona o sujeito a uma insegurança radical: "Nós entregamos [...] teu corpo e tua carne aos animais das florestas, aos pássaros do céu e aos peixes que vivem nas águas; autorizamos que todos possam perturbar seu repouso e sua segurança nos locais onde os outros têm direito a desfrutar, e o enviamos aos

12 Título 38, cf. Julien Marie Le Huërou, *Histoire des institutions mérovingiennes*, Paris, Joubert, Tomo I, 1843, p. 95.

13 Robert Jacob, *op. cit.*, p. 1040.

14 A partir desse texto, os historiadores jurídicos desenvolveram uma interpretação centrada na noção de "*Friedlosigkeit*", um estado de ausência de paz. Os debates se referem à natureza estrutural dessa forma de exclusão no direito germânico. Cf. Maurizio Lupoi e Adrian Belton, *The Origins of the European Legal Order*, Cambridge, Cambridge University Press, 2007, p. 370.

quatro cantos do mundo".[15] A exposição à predação natural é a exata contrapartida da segurança prometida pelo juramento político. Mas o banido não é apenas um "indefeso" à mercê daqueles que o encontrarem; ele continua sendo apontado como um inimigo a ser abatido, como uma vida a ser ceifada sem que isso constitua crime: "Nós o deixaremos fora de nossa palavra para que qualquer um que o encontre possa matá-lo sem sofrer nenhum tipo de processo",[16] decreta, no século VI, um édito de Quilperico I. Mais do que um simples retorno à vulnerabilidade natural, trata-se de uma política ativa de vulnerabilização. A caça está aberta.

Morto pela sociedade, morto pelo direito, morto pelo Estado, o banido vê sua mulher declarada viúva e seus filhos, órfãos. Ele sabe que estará privado de sepultura "como que para apagar qualquer traço de sua passagem pela Terra".[17] A sociedade, que o excomungou ao compará-lo aos animais da floresta, "deixa de reconhecê-lo como um de seus membros, e até mesmo como homem; ou, no mínimo, o considera ficticiamente como privado de existência".[18] Ele passava a ser um morto-vivo.

Tais procedimentos de condenação à morte fictícia podem ser identificados em períodos posteriores: de maneira espetacular, por exemplo, nas "execuções em efígie" que, no período moderno, acompanhavam as condenações de morte civil. No século XVII, quando não se podia executar um condenado ausente, matavam sua imagem: "Era bonito de ver, nas praças de execução, tantos quadros expostos, em cada um dos quais um carrasco cortava a cabeça [...]. Todo o povo, curioso, vinha ver aquela multidão de criminosos pintados, que ia morrendo ininterruptamente, sem morrer. [...] Foi uma invenção que a justiça encontrou para difamar quem ela não

---

15 Albert Du Boys, *Histoire du droit criminel des peuples modernes*, *op. cit.*, p. 545.

16 *Apud* Julien Marie Le Huërou, *Histoire des institutions mérovingiennes*, *op. cit.*, p. 96.

17 Albert Du Boys, *Histoire du droit criminel des peuples modernes*, *op. cit.*, p. 130.

18 *Ibid.*, p. 124.

podia punir, e para castigar o crime quando não conseguia capturar o criminoso".[19]

Essas formas de morte social, jurídica e simbólica servem, sobretudo, como adjuvantes para a caça. Naquilo que aparenta ser uma cortina de fumaça para a despossessão social e jurídica, vê-se na verdade o ato de privar o fugitivo do âmbito da sociedade e do direito, eliminando seus apoios para expulsá-lo em seguida. O procedimento é particularmente evidente em casos de condenação à revelia, em que "a condição de fora da lei pronunciada contra o acusado ou contra o defensor que foge da justiça é menos uma pena do que um modo de coerção destinado a induzi-lo a se apresentar".[20] Trata-se de uma tática paradoxal, que consiste em expulsar sujeitos ausentes para que possam ser encontrados. Sem poder capturar o fugitivo, sem poder encarcerá-lo, fecha-se a ele, conforme um método que Robert Jacob descreve como um "tipo de sistema penitenciário inverso, em que a sociedade se fecha enquanto o delinquente anda livremente".[21]

Às vezes, porém, quando numerosos, os banidos podem se agrupar, formando bandos na floresta. De banidos que eram, passam a ser bandidos. Diante da ameaça, são organizadas caçadas aos banidos como se eles não passassem de animais ferozes: suas cabeças são colocadas a prêmio, recompensas são prometidas a quem trouxer seus restos mortais. Dizem que, na Islândia, foi um *lögmaðr* chamado Lylulf-Valdergarson que imaginou esse "meio heroico e bárbaro para se desfazer desses animais das florestas, pressionados pelo desespero e pela fome a cometer os mais variados tipos de crime. Conforme sugestão sua, a cabeça de cada um dos

---

19 Esprit Fléchier, *Mémoires de Fléchier sur les Grands-Jours d'Auvergne en 1665*, Hachette, Paris, 1856, p. 258.

20 Ernest Lehr, *Éléments de droit civil anglais*, Paris, Larose et Forcel, 1885, p. 19.

21 Robert Jacob, *op. cit.*, p. 1039.

banidos foi precificada a um determinado valor".[22] Houve até um momento, no final do século XIII, "em que se oferecia exatamente a mesma recompensa de abate, de um décimo de marco, a quem trouxesse a cabeça de um lobo ou de um pária para a corte do condado".[23]

Para Giorgio Agamben, a figura do banido revela algo de fundamental e de oculto quanto à essência da soberania política: "esta lupificação do homem e humanização do lobo é possível a cada instante no estado de exceção".[24] Contrariamente ao que sugerem as teorias do contrato social, o estado de natureza não é anterior à ordem política, ou seja, não foi ultrapassado por ela, longe disso, consiste em uma virtualidade que se reativa constantemente no interior dessa ordem, como uma exceção à lei. Enquanto se impõe sobre sujeitos de direito, o poder soberano tem como objetivo a "vida nua", normalmente mascarada sob o manto da *persona* jurídica, mas que a proscrição traz à tona em seu desnudamento absoluto.

Há ainda outra forma de interpretar o sentido político da caça aos homens-lobos. Em vez de ver nisto uma manifestação do poder soberano, Eric Hobsbawm demonstrou que as práticas de banimento, a instituição da marginalidade formalizada da qual os "bandidos" ganharam seu nome, testemunham principalmente a "superficialidade do sistema de poder. Todo mundo tinha direito de matar o proscrito, porque nenhuma autoridade estava em condições de aplicar-lhe sua lei".[25]

---

22 Albert Du Boys, *Histoire du droit criminel des peuples modernes*, *op. cit.*, p. 125.

23 Robert Jacob, *op. cit.*, p. 1044.

24 Giorgio Agamben, *Homo sacer, o poder soberano e a vida nua*, trad. de Henrique Burigo, Belo Horizonte, UFMG, 2007, pp. 112-113.

25 Eric Hobsbawm, *Bandidos*, São Paulo, Paz & Terra, 2012, p. 29.

O banimento aparece como símbolo de um poder frágil, incapaz de apreender o fugitivo; como uma medida padrão, um expediente do poder para lidar com sujeitos que estariam fora de seu controle.

Ao permitir que qualquer pessoa perseguisse o fugitivo, o soberano também se expunha a uma contradição perigosa: autorizar qualquer um a matar o condenado seria o mesmo que delegar suas prerrogativas às massas, ou seja, renunciar *de facto* ao monopólio da violência legítima. Essa contradição, característica de uma soberania não completamente desenvolvida, será resolvida apenas - e em partes - com a implementação de aparelhos do Estado moderno, dotados de forças policiais organizadas. Historicamente, as medidas de proscrição foram definhando à medida que o Estado policial foi se fortalecendo.

O segredo político que as caças aos homens-lobos revelam é a relativa impotência histórica do poder soberano.

Caça de aquisição pelo senhor de escravos, caça de captura pela soberania tirânica, caça da exclusão pelo poder pastoral: na aurora da modernidade, estão aí três instâncias bem definidas do poder cinegético. Uma nova experiência histórica viria ditar, em seguida, a revisão dos antigos modelos.

04

caça aos indígenas

Íamos à caça dos homens acompanhados de cachorros. Esses infelizes selvagens, praticamente nus e desarmados, eram perseguidos como cervos no fundo das florestas, devorados por cães e mortos a tiros de espingarda.

Voltaire, *Ensaio sobre os costumes*[1]

Na Europa, ninguém sabe o que é uma guerra contra os selvagens. Caçar os homens com cães ainda não significava nada; mas já se tratava de guerras de extermínio.

Anônimo, *Visão geral da sociedade e dos costumes dos Estados Unidos da América*[2]

---

1 Voltaire, *Essai sur les moeurs*, Paris, Garnier, 1963, Vol. 2, p. 339.

2 Anônimo, *Coup d'oeil sur la société et les moeurs des États-Unis d'Amérique, par une Anglaise*, Londres, 1821, *apud Bibliothèque universelle des sciences, belles-lettres et arts*, Genebra, Imprimerie de la bibliothèque universelle, 1822, Tomo XIX, sétimo ano, p. 284.

A crônica espanhola conta as explorações de Leoncico, fiel companheiro do conquistador Vasco Nuñez de Balboa: "Filho do cão Beccerrico da Ilha de San Juan, [...] ele foi tão famoso quanto seu pai". Tendo direito à mesma parte do saque que seus comparsas homens, trouxe para seu senhor mais de 2 mil pesos de ouro. Oviedo descreve sua pelagem avermelhada e seu corpo robusto, marcado por várias cicatrizes decorrentes dos combates: "Quando os espanhóis rastreavam e perseguiam os índios, soltavam o animal e diziam: 'Ali está! Pegue-o!', e o cão obedecia. Seu faro era tão apurado que uma presa dificilmente poderia lhe escapar. E quando pegava um índio, se este ficava calmo, trazia-o pela manga ou pela mão, suavemente, sem mordê-lo ou machucá-lo, mas, caso ele resistisse, o cortava em pedacinhos".[3] Mais de três séculos depois, um missionário francês nas Américas ainda ficava extasiado diante desses animais, e descrevia um "galgo admiravelmente treinado para caçar índios, com beleza e inteligência não menos notáveis".[4]

Durante praticamente quatro séculos, em todo o continente americano, a conquista do Novo Mundo resultou em grandes caças ao homem – caças para escravizar e caças para matar. Um fenômeno massivo, com cães especialmente treinados, além de caçadores profissionais com suas armas e sua cultura.

Na América do Sul, onde a caça escravagista aos indígenas durou por muito tempo após a primeira conquista, cidades inteiras se especializaram nessa atividade econômica. Durante mais de três séculos, os paulistas, habitantes de São Paulo, tiveram como principal fonte de renda uma ocupação que eles chamavam de "descer índios".[5] Os bandeirantes,

---

3 Oviedo, *Historia general*, libro 29, cap. 3, *apud* Manuel José Quintana, *Lives of Vasco Nunez de Balboa, and Francisco Pizarro*, Blackwood, Edinburgh, 1832, p. 18.

4 Brasseur de Bourbourg, *Histoire des nations civilisées du Mexique et de l'Amérique-Centrale*, Paris, Arthus Bertrand, 1859, Tomo IV, p. 523.

5 Alfred Deberle, *Histoire de l'Amérique du Sud depuis la conquête jusqu'à nos jours*, Paris, Alcan, 1897, p. 57.

encabeçando pequenas tropas, atacavam as tribos autóctones para capturá-los e vendê-los como escravos. Realizaram dezenas de milhares de capturas. Entre os mais conhecidos dos chefes paulistas, havia um chamado João Amaro, que, no final do século XVII, comandava um grupo de "*Mamalucos* treinados na arte de caçar os homens".[6] Eles são descritos como munidos "de chumbo e pólvora, alguns carregando uma espingarda, outros arco e flecha, todos armados com facão, [...] descalços, com um cinto de couro na cintura, e na cabeça um chapéu de palha de abas largas, sem outra roupa a não ser um calção grosso de algodão e uma camisa curta, cujas pontas flutuavam sobre o calção, às vezes uma couraça e perneiras de pele de cervo".[7]

Como fato social, a caça aos indígenas foi indiscutivelmente uma atividade econômica de grande envergadura, uma forma de vida e de prazer cruel, uma forma de esporte macabro – e isso desde os primórdios da conquista, quando ficou evidente que "os espanhóis os caçavam não apenas para usá-los como animais de carga, mas também como passatempo e como ocupação de lazer".[8]

O objetivo das caças de aquisição era obter futuros escravos. Eram caças de captura. Por isso, o caçado não podia morrer – quer dizer, a presa deveria ser mantida viva. Bem diferente das caças de abate, cujo principal objetivo era a erradicação da população para a conquista do território. Não foram apenas as doenças que dizimaram as populações indígenas das Américas, mas também uma política de extrema violência com fins destrutivos. No século XIX, Schoolcraft relata que, na América do Norte, os indígenas eram mortos "como se caçam feras", citando um agente

---

6 Auguste de Saint-Hilaire, *Voyage dans les provinces de Saint-Paul et de Sainte-Catherine*, Paris, Arthus Bertrand, 1851, Tomo I, p. 43.

7 *Ibid.*, p. 25.

8 Elias Regnault, *Histoire des Antilles et des colonies françaises, espagnoles, anglaises*, Paris, Didot, 1849, p. 9.

de assuntos indígenas que declarou sobriamente: "Os brancos fazem uma guerra de extermínio contra eles".[9]

Em 1725, o governo de Massachussetts incentivou os cidadãos a se lançarem na atividade lucrativa do assassinato. Determinou-se a recompensa de 100 libras por cada cabeça indígena.[10] Um tal de Lovewell, que liderava um grupo de voluntários, teve alguns sucessos antes de conhecer seu destino funesto, morrendo como tinha vivido: "No dia 8 de maio, ele avistou um indígena em uma ponta de terra que avançava sobre um lago. [...] O indígena permitiu que se aproximassem e não se moveu, mesmo consciente de que estava exposto à morte certa. Quando Lovewell chegou ao alcance do tiro, o índio disparou, ferindo-o, e, ao receber também ele um tiro, morreu crispado de balas. Nesse momento, oitenta indígenas, que estavam escondidos na vegetação, se apoderaram dos pertences dos ingleses e contra-atacaram com seus *tomahawks* ou machados. Mataram sete [...]. Esse caso pôs fim às bárbaras excursões".[11] Mas apenas temporariamente.

Quando Darwin, mais de um século depois, fez uma parada em Santa Fé, foi para descobrir que a atividade favorita do governador consistia em "caçar índios: há pouco tempo ele massacrou quarenta e oito e vendeu as crianças [...]".[12]

Jamais a caça ao homem havia ocorrido em tal magnitude, sendo realizada em escada continental e resultando em massacres de grande envergadura.

---

9 Henry Rowe Schoolcraft, *Histoire des Indiens des États-Unis*, Montpellier, Boehm, 1858, p. 72.

10 David Bailie Warden, "Chronologie historique de l'Amérique", em *L'art de vérifier les dates*, 4a parte, Tomo IX, editora, Paris, 1842, p. 412.

11 *Ibid.*, p. 412.

12 Charles Darwin, *Voyage d'un naturaliste autour du monde*, Paris, Reinwald, 1875, p. 137 [*Viagem de um naturalista ao redor do mundo*, trad. de Pedro Gonzaga, Porto Alegre, L&PM, 2008].

Essas caças de conquista exigiam justificativas e teorias. Em nome de que as caças a indígenas poderiam ser permitidas? Logo os filósofos entraram em cena.

A exemplo de Aristóteles, desde o século XVI alguns tentaram desenvolver uma teoria de guerra justa baseada no conceito da natureza dos indígenas, quer dizer, em uma antropologia. Efetivamente, como se justifica uma guerra contra um povo que nada lhe *fez* além de ser quem *é*? Mencionei anteriormente que toda caça ao homem supõe uma teoria da presa. Pois aqui não é diferente.

Quando o humanista espanhol Juan Ginés de Sepúlveda se propôs a justificar a escravização das populações indígenas, naturalmente se referiu a Aristóteles, pois dedicou parte da sua vida a traduzi-lo e comentá-lo. Ele se lembrou particularmente do famoso texto sobre os escravos por natureza e a caça como ramo da arte da guerra. Os indígenas, escreve, "são pessoas bárbaras e desumanas, alheias à vida civil e aos costumes pacíficos. Sempre será justo e conforme com o direito natural que essas pessoas sejam submetidas ao império dos príncipes e das nações mais cultivadas e humanas, para que, beneficiando-se de suas virtudes e da sabedorias de suas leis, se distanciem da barbárie e decidam-se por uma vida mais humana. [...] Se, no entanto, eles rejeitarem esse império, este poderá lhe ser imposto pela força das armas, e a guerra será justa, segundo o direito natural". E ainda cita Aristóteles: existe uma "arte da caça que vale ser empregada não apenas contra os animais, mas também contra os homens que, nascidos para obedecer, recusam a servidão".[13] Aquilo que, por muito tempo, não passou de uma fórmula esquecida, abandonada à poeira dos monastérios, passou a ganhar vida, e da maneira mais concreta, do outro

13 Juan Ginés de Sepúlveda, "Democrates alter, sive de justis belli causis apud Indos", [prólogo, traducción y edición de Marcelino Menéndez y Pelayo], *Boletin de la Real academia de historia*, Vol. XXI, Oct. 1892, N.° 4, pp. 260-369, p. 293.

lado do Atlântico. A caça ao homem estava de volta, e, com ela, antigas doutrinas.

A retomada dessas teorias antigas ocorria dentro de novo horizonte filosófico, o do humanismo cristão. Ora, isso não acontecia sem problemas. A tensão mais forte surgia do contato entre teoria aristotélica da dominação e a doutrina cristã da conversão: enquanto a primeira se fundava em uma concepção diferencialista e fixa da desigualdade, a segunda, ao contrário, professava um dogma oficial de unidade do gênero humano e da desigualdade universal.

Consciente da dificuldade, Sepúlveda tentou uma conciliação, que se traduz por uma revisão da tese de Aristóteles. A contribuição se baseava no seguinte: o assujeitamento dos humanos de menor humanidade aconteceria, a partir de então, não mais sob pretexto de sua natureza imperfeita, mas antes com o objetivo de realizar a sua humanização. O argumento de pretensão civilizatória contrastava, pelo seu dinamismo, com a antiga teoria do escravo por natureza. De maneira semelhante, a guerra-caça, que, para Aristóteles, não significava mais que um meio de acumulação, preservando a natureza das presas, era agora apresentada como meio de humanização do indígena. Isso ocorria – e este não era o menor dos paradoxos – enquanto, na prática, os indígenas eram tratados como animais.

No entanto, Sepúlveda parecia hesitar. A princípio, os indígenas eram considerados *homunculi*, literalmente homens pequenos, homens diminutos, "nos quais mal se podem encontrar traços de humanidade",[14] uma imperfeição que os tornava incapazes de governarem a si próprios, o que fundamentava o direito dos europeus – mais humanos – de os governar. Era o argumento da superioridade humana

---

14 *Ibid.*, p. 308.

do conquistador.[15] Mas tão logo apresentava a tese da humanidade deficiente, ele já passava a uma outra, a de sua *desumanidade moral*: eles, os indígenas, "comiam carne humana",[16] praticavam "ritos monstruosos com a imolação das vítimas humanas",[17] crimes tão antinaturais que sua monstruosidade merecia a exclusão da sociedade. Exclusão radical que, aliás, de forma alguma impediu Sepúlveda, no intervalo de alguns parágrafos, de reconhecer uma essência humana quando se tratava de mostrar que a conquista era o instrumento privilegiado de propagação da fé – os animais não podem ser evangelizados.

"Quase humanos", "desumanos", "humanos" – os qualificativos variavam dependendo do ato de reconhecê-los como indígenas imperfeitamente humanos para dominá-los, perfeitamente desumanos para expulsá-los ou essencialmente humanos para convertê-los. Essa hesitação ontológica apenas traduzia filosoficamente a tripla relação de poder que se aplicava na prática: a do senhor de escravos, a do soberano e a do pastor. O problema era que, embora praticamente se fundissem na América, essas diferentes formas de poder historicamente estavam dotadas de discursos de legitimação heterogêneos. Para justificar a partir da teoria o novo direito de conquista, era preciso reuni-los em um bloco coerente.

---

15 O argumento condiz com a tese aristotélica segundo a qual a hierarquia das perfeições ontológicas funda uma ordem natural de dominação ao lado de um direito da restrição. "A matéria deve obedecer à forma, o corpo deve obedecer à alma, o apetite deve obedecer à razão, os animais devem obedecer ao homem, a mulher deve obedecer ao marido, o filho deve obedecer ao pai, o imperfeito deve obedecer ao perfeito, o pior deve obedecer ao melhor", diz Sepúlveda, *ibid.*, p. 348.

16 *Ibid.*, p. 349.

17 Isso é reforçado pelo imperativo da conquista humanitária: é possível abandonar ao seu destino as vítimas inocentes "que esses bárbaros imolam todos os anos"? Não, pois "a lei divina e a lei natural obrigam todos os homens a repelir e punir, se possível, o insulto feito a outros homens", *ibid.*, p. 349. A máxima universalista do humanismo cristão serve aqui como um pretexto para a conquista, num esquema em que a humanidade agora concedida a *alguns* indígenas, mas definida de modo puramente formal dada a sua posição de vítimas, funda tanto a desumanidade de seus semelhantes quanto a humanidade moral de seus conquistadores. Trata-se de uma retórica de dissociação que constrói uma ponte entre a humanidade vitimizada de alguns e a humanidade salvadora de outros.

Esses elementos, inicialmente mal articulados, em determinado momento se tornaram uma teoria unificada do poder colonial, que foi magistralmente enunciada por Bacon em 1622, em seu *Diálogo sobre a guerra sagrada.*[18] Bacon a colocou na fala de Zebedeu, o "católico romano zeloso" que personificava as posições do catolicismo fundamentalista da época.

Não é de se surpreender que tudo tenha começado com Aristóteles: "Por sua própria natureza, alguns seres nasceram para comandar, e outros, para obedecer".[19] A tese clássica foi imediatamente retraduzida para uma linguagem jurídico-teológica. O que, de fato, permite recusar a uma nação o direito de autogoverno? Para responder, é preciso "voltar à doação original do governo",[20] isto é, à Bíblia, que, em uma frase, apresenta o conceito fundamental da soberania: "Façamos o homem à nossa imagem e semelhança e que exerça domínio sobre os homens no mar, sobre os pássaros no céu e sobre os animais da Terra".[21] Bacon/Zebedeu, seguindo Hereupon De Victoria, entende que ambas as ideias - o homem como imagem de Deus e o império do homem sobre a Terra - estão obviamente relacionadas: "A dominação só se fundamenta na imagem de Deus".[22] Em consequência da teoria icônica da soberania, basta que os homens se afastem da semelhança divina para que percam todo o poder. O direito de soberania está então condicionado ao *imago dei*: "Desfigure a imagem e estará destruindo o direito".[23] E como reconhecer tal *desfiguração*? A imagem de Deus tem como seu equivalente inteligível a "razão natural". Os povos "desfigurados"

---

18 Francis Bacon, *An advertisement touching a holy war*, 1622. Cf. Parry & McMillan, *The works of Francis Bacon*, Philadelphia, 1859, Vol. II, pp. 435-443.

19 *Ibid.*, p. 441.

20 *Ibid.*

21 *Ibid.*

22 *Ibid.*

23 *Ibid.*

são aqueles cujo modo de vida diverge dos padrões razoáveis de vida. Tal distanciamento acarreta não apenas a perda de sua soberania, como também sua exclusão das nações: "Assim, podemos ver que existem nações de nome, que não são nações de direito, mas apenas multidões e enxames de pessoas. Da mesma forma como existem algumas pessoas fora da lei e banidos pelas leis civis de vários países, existem nações fora da lei e proscritas pela lei da natureza".[24]

Com efeito, testemunhamos aqui a articulação de duas noções até então encontradas somente em justaposição. Para Sepúlveda, os indígenas correspondiam, por um lado, ao conceito do escravo por natureza e, por outro lado, eram banidos da lei comum devido ao caráter desumano de seus costumes. Ora, aqui é a distância da imagem de Deus, ou seja, da lei natural, que passa a ser o próprio conteúdo de um conceito reformulado de escravo por natureza. As duas noções estão relacionadas de tal modo que a primeira é definida pela segunda: são servis por natureza aqueles que se diferenciam da definição teológica-jurídica da natureza humana - uma discrepância que os torna ilegais.

Escravos e banidos, dominados e proscritos, foras da lei e subjugados: tais categorias, herdadas de dois regimes distintos de racionalidade política, começavam a se fundir. E essa reformulação conceitual também revelava a combinação de práticas correspondentes em relação aos fatos: caça aos escravos e caça aos homens-lobos, caça de aquisição e caça de exclusão, caça de dominação e caça de erradicação se combinavam na conquista do Novo Mundo.

Uma síntese categórica correspondia à elaboração de um novo conceito de presa, que estendeu aos povos a serem conquistados a noção de "inimigos comuns do gênero humano", até então reservada aos piratas. Era um gesto de *proscrição do inimigo*, identificado com as nações

24 *Ibid.*, p. 442.

antinaturais.[25] Os indígenas, por serem canibais, "forneceram aos espanhóis uma justa causa para que invadissem seu território, como se este fosse, por assim dizer, confiscável perante a lei da natureza, a fim de reduzir ou expulsar seus habitantes".[26] Resgatava-se o esquema da exclusão pastoral, ampliando-a a uma escala mundial e tornando-a matriz teórica para uma caça universal aos banidos da humanidade.

Ao final da redefinição, a presa não era mais considerada inferior por natureza, mas antes naturalmente fora da lei. Ora, se a primeira caracterização autorizou a subordinação, a segunda impôs a erradicação. Refundado sobre tais bases, o novo imperialismo ganhava o poder de hostilidade absoluto *de jure*, que podia se contentar com a conquista ou chegar até o massacre.

O discurso de Zebedeu terminou com um apelo à coalisão bélica das nações civilizadas: "Nós [...], cristãos, a quem se revelou [...] que todas as gerações do mundo são descendentes dos mesmos dois indivíduos: nós, digo, devemos reconhecer que nenhuma nação é totalmente estranha a outra". Citando Terêncio – "eu sou homem e nada do que é humano é estranho a mim" –, a personagem continua: "Não é por acaso que existe uma liga ou uma confederação tácita. [...] Ela é dirigida contra as hordas ou bandos de pessoas que degeneraram totalmente as leis da natureza, que têm em seus corpos e em sua constituição algo monstruoso, e que [...] podem ser colocadas entre os inimigos e as injúrias comuns do gênero humano, e consideradas como o escândalo e a

25 Bacon, além do exemplo dos piratas, apresenta o caso hipotético de uma nação de amazonas, "na qual o governo, tanto público quanto privado, e até mesmo a milícia estariam nas mãos de mulheres: existe algum homem de bom senso que ousaria sustentar que tal governo, que um Estado no qual as mulheres comandariam e governariam os homens, não pecaria em seus fundamentos contra a ordem natural, não seria apenas um governo fingido, um governo nulo que deveria ser abolido sem retorno?", *ibid.*, p. 442. O mesmo raciocínio se aplica ao caso de uma nação em que os escravos governam seus senhores, em um país no qual os filhos governam seus pais. O poder do homem, o poder do senhor, o poder do pai – tais são, na tradição de Aristóteles, os três eixos de dominação apresentados como a estrutura ontológica da humanidade social.

26 *Ibid.*, p. 443.

vergonha da natureza humana. Diante de tais pessoas, todas as nações têm interesse em odiá-las, em suprimi-las".[27]

O texto é surpreendente não apenas por sua violência, mas também porque deixa escapar uma contradição: ele defende princípios fundamentais do humanismo para fundamentar um apelo à submissão pela guerra dos povos que degeneraram a humanidade. Isso coloca a questão da relação entre humanismo e caça ao homem, uma vez que esta agora encontra plena justificativa nesse discurso.

Carl Schmitt procurou demonstrar que essa tensão era apenas aparente. A partir da teoria de guerra justa, passava-se de um argumento derivado de um conceito particular de humanidade – a humanidade superior do conquistador, argumento de inspiração aristotélica – a outro: o da humanidade absoluta, proclamada, é claro, com a exclusão de seus inimigos, que passaram a ser rejeitados pela desumanidade, passíveis de sofrerem violência sem limite.[28] O próprio humanismo seria portador de uma exclusão assassina: "Pufendorf [...] cita e aprova a afirmação de Bacon que diz que alguns povos são 'banidos da própria natureza', por exemplo, os índios, pois eles comem carne humana. Por isso, os índios da América do Norte foram totalmente exterminados".[29]

Em *O nomos da terra*, Schmitt vai além, acrescentando, em referência a Sepúlveda e Bacon, que "o fato de que eles sejam precisamente os humanistas e os humanitários que defendem tais argumentos sejam desumanos não é de forma alguma um paradoxo".[30] Haveria uma "força de cisão discriminatória da ideologia humanitária" em virtude da qual

---

27 *Ibid.*, p. 443.

28 "O fato de atribuir a si mesmo esse nome de humanidade, de invocá-lo e monopolizá-lo, só pode manifestar uma pretensão assustadora de recusar ao inimigo sua qualidade de ser humano, de fazê-lo ser declarado fora da lei e fora da humanidade e, portanto, de levar a guerra aos limites extremos do desumano", Carl Schmitt, *La notion de politique: théorie du partisan*, Paris, Flammarion, 1992, p. 97.

29 *Ibid.*, p. 201.

30 Carl Schmitt, *Le Nomos de la Terre*, Paris, PUF, 2001, p. 104.

a invocação política do humano necessariamente implicaria na designação do desumano como seu duplo hostil. Lutar em nome da humanidade suporia, assim, a desumanização de seus inimigos, em uma lógica que levaria à exterminação.

Retomando de modo sutil um velho tema da crítica reacionária do Iluminismo, tomada de empréstimo de Juan Donoso Cortés, a tese subjacente de Schmitt consistia em demonstrar que a "pseudorreligião da humanidade absoluta abria caminho para o terror desumano".[31] Paradoxalmente, seria a ideologia universal do humanismo que teria levado ao massacre dos indígenas e que teria se tornado a matriz de todas as subsequentes lógicas genocidas, pelas quais, em última análise, ela teria responsabilidade histórica. Trata-se de uma forma de devolver o argumento ao remetente e, por extensão, de absolver o nacionalismo e o racismo de suas tendências mortíferas - um tema que, desenvolvido em 1950 por um velho nazista, acaba assumindo todo o seu sentido histórico. A habilidade tática de Schmitt está em disfarçar sua tradicional crítica reacionária do humanismo com uma crítica ao imperialismo - o massacre dos indígenas, apresentado como consequência lógica da "ideologia humanitária", daria uma primeira confirmação histórica à sua teoria.

Além do anacronismo de sua análise - nem Sepúlveda nem a personagem que Bacon representa no papel de um "católico zeloso" poderiam, de forma alguma, ser comparados aos defensores de uma filosofia secularizada da humanidade absoluta -,[32] Schmitt comete um erro significativo. Ao con-

---

31 Carl Schmitt, *Donoso Cortes in gesamteuropäischer Interpretation*, Köln, Greven, 1950, p. 108, *apud* Norbert Campagna, *Le Droit, la politique et la guerre: Deux chapitres sur la doctrine de Carl Schmitt*, Presses de l'Université Laval, 2004, p. 147.

32 De modo contrário, eles são os representantes de um catolicismo fundamentalista. Os reacionários franceses não se enganavam ao citar Bacon para se opor ao humanismo secular e clamar por novas cruzadas. Maistre: "Um axioma óbvio e verdadeiramente divino! Pois a supremacia do homem não tem outro fundamento senão a sua semelhança com Deus (Bacon, em *Dial. de bello sacro*)" [Joseph de Maistre, *Les Soirées de Saint-Pétersbourg*, Pélagaud, Lyon, 1850, tomo I, p. 281]. Bonald: "Toda sociedade onde [...] a religião é absurda, onde as práticas são bárbaras ou licenciosas, não é uma sociedade legítima, pois não está adequada com a vontade do pai e autor de toda sociedade. Tal proposição, por ousada que possa parecer, eu não a

trário do que escreve, Pufendorf, longe de dar razão a Bacon/Zebedeu, o contradiz explicitamente: "Não posso aprovar o que diz o famoso Bacon, chanceler da Inglaterra, de que um costume como o dos americanos, de sacrificar os homens a suas falsas divindades e de comer a carne humana, seja motivo suficiente para declarar guerra a esses povos, como se fossem pessoas proscritas pela Natureza".[33] Ainda mais interessante é a razão da recusa. Barbeyrac, que comenta o texto, o esclarece do seguinte modo: se Pufendorf refuta o argumento baseado na desumanidade dos costumes do inimigo, é porque ele "está excluindo tacitamente das causas legítimas da guerra a punição das ações criminosas, pelas quais ele próprio não se sente ofendido".[34] O que estava em questão não era tanto o humanismo cristão, o horizonte compartilhado por todos os protagonistas do debate nesse período, como veremos, mas antes a extensão de uma certa lógica penal ao direito da guerra.

Tanto em Sepúlveda quanto em Bacon, o universalismo do humanismo cristão representava o papel de um mecanismo de generalização, em escala mundial, das formas de proscrição elaboradas no âmbito do poder de punir, a fim de definir as bases de uma soberania imperial apresentada como controle policialesco da humanidade: o inimigo era apresentado como um criminoso, e sua punição justificava a guerra. O problema da criminalização do inimigo na teoria da guerra estava vinculado ao da proscrição do fora da lei, à sua desumanização por meio dos mecanismos de exclusão soberana. Por esse motivo, uma crítica radical da criminalização do inimigo não pode poupar uma crítica preliminar da

---

desenvolvo sem cautela. Bacon escreveu um tratado categórico, *De bello sacro*, para provar que as potências cristãs poderiam ou deveriam travar uma guerra contra os turcos, a quem ele chama de um povo *exlex*, fora da lei das nações" [Louis de Bonald, "Sur la Turquie", *Oeuvres complètes*, Paris, Migne, 1864, Tomo II, pp. 909-913, p. 909].

33 Samuel von Pufendorf, *Le droit de la nature et des gens*, Leiden, Wetstein, 1771, Vol. II, p. 556.

34 *Ibid.*, p. 552.

hostilização do banido na filosofia penal. Nesse sentido, se o humanismo serviu como justificativa para a desumanização do condenado, foi o mesmo humanismo que historicamente serviu de base para a crítica da penalidade, a começar pela pena de morte, contrapondo à desumanização do condenado a humanidade imprescritível de sua pessoa. É exatamente esse tipo de uso conflitante do conceito de humanidade que Schmitt tende a evitar em sua argumentação, como se o discurso humanista estivesse reduzido ao seu conteúdo imperialista. Um amálgama como esse é sem dúvida necessário para a argumentação política que o teórico pretende desenvolver, mas isso o leva – e este é o ponto central – à mutilação da dialética humanista que ele próprio identifica em outro contexto, de modo a fornecer apenas uma versão truncada, incapaz de abordar a complexidade de seus usos históricos.

Quando Las Casas refuta Sepúlveda,[35] recusando classificar os indígenas como "animais privados de razão humana, a quem temos o direito de caçar e que podem ser alvo de uma batida como animais selvagens",[36] também o faz – mesmo que de modo mais consequente – em nome dos princípios do humanismo cristão: "Cristo quis que seu único preceito fosse chamado de 'caridade', que se deve a todos, sem exceção: 'Aqui, não existe nem grego nem judeu, escravo ou homem livre [...]'. Consequentemente, ainda que o filósofo [Aristóteles], ignorando a verdade e a caridade cristã, escreva que o mais inteligente pode caçar bárbaros como se fossem animais selvagens, não vemos nenhum motivo para que os bárbaros possam ser mortos ou submetidos como mulas a um trabalho árduo, cruel, penoso e duro, e por isso serem caçados e capturados pelo mais inteligente. Que Aristóteles vá passear, pois Cristo, que é a verdade eterna, nos enviou o seguinte recado: 'Ame seu próximo como a si mesmo'".[37]

---

35 O confronto ocorreu em 1550 durante a controvérsia de Valladolid.

36 "Répliques de l'évêque de Chiapas", em Nestor Capdevila, *La Controverse entre Las Casas et Sepúlveda*, Paris, Vrin, 2007, pp. 243-288, p. 282.

37 Bartolomeu de las Casas, *Apología*, Alianza Editorial, Madri, 1988, p. 101.

Nas palavras de Las Casas, a humanidade não é mais um atributo em essência monopolizável (nós somos os verdadeiros humanos), mas antes uma máxima da conduta incondicional associada ao princípio de caridade: com o fim de incarnar a humanidade, não basta *ser* humano; é preciso *agir* humanamente.[38] Longe de parecer uma determinação excludente, a humanidade é definida como forma dialética por recusar a exclusão: é desumano aquele que exclui outros homens da humanidade. É em razão dessa redefinição relacional que a mobilização política do conceito de humanidade culmina em consequências estritamente opostas às precedentes.[39] A desumanização teórica e prática do inimigo é apenas um dos usos políticos possíveis do conceito de humanidade, mas não o único.

Desse modo, não foi o "humanismo" que, por uma espécie de necessidade lógica, levou ao massacre, o que prova que o "humanismo" também se opunha a ele. O fato de a humanidade ser um conceito político portador de potências contraditórias é o que o torna tão interessante historicamente. Isso também explica por que ele pôde ser mobilizado de ambas as partes do debate sobre a colonização na América, seja pelos partidários de uma conquista violenta, que convocaram uma caça aos indígenas em nome da humanidade, seja pelos defensores dos indígenas, que a condenaram em nome da mesma humanidade.

---

38 Ao projeto de conquista bélica, Las Casas contrapõe o exemplo de São Judas Tadeu, que, enviado à Mesopotâmia para "evangelizar pessoas cuja natureza selvagem e feroz era como a dos animais", recorreu somente aos recursos puros da fé. Em seguida, conclui com este comentário irônico: "Esse tipo de caça é diferente daquela professada por Aristóteles, que, na verdade, mesmo sendo um grande filósofo, não é digno de ser capturado por essa caça que permite acessar a Deus por meio do conhecimento da verdadeira fé", *ibid.*, p. 133.

39 Trata-se de um tema clássico, inclusive no direito da guerra: não se pode lutar em nome da humanidade negando a de seu adversário. Não se pode pretender encarnar a humanidade mostrando-se desumano. No que diz respeito aos meios de combate, a questão da humanidade não é apenas a do inimigo, mas também, e acima de tudo, a do combatente. Como escreve Pufendorf, a "lei da humanidade" limita o direito à hostilidade infinita, uma vez que "exige que consideremos não apenas se tais e tais atos de hostilidade podem ser realizados contra um Inimigo, sem que ele tenha motivos para reclamar, mas também se são dignos de um vencedor humano", Pufendorf, *op. cit.*, p. 557.

A menos que mergulhemos no idealismo do conceito, é preciso considerar o humanismo tal como ele é e foi, ou seja, não como um sujeito isolado da história, mas como uma arena de debate, uma língua comum em que se formavam posições contrárias umas às outras. O que não é, aliás, uma grande descoberta: um mesmo discurso pode ser usado ou contestado em qualquer parte da linha de frente, e, conforme as forças que se apropriam dele, pode igualmente adquirir sentidos políticos contraditórios. Merleau-Ponty lembra de um episódio no momento da revolta de São Domingos, quando as tropas francesas de Bonaparte, que vieram massacrar a rebelião de escravos, ouviram, do outro lado da muralha, os insurgentes cantando, assim como eles, o "Vai dar certo" [*Ça ira*]. Dois campos que se opunham em uma luta de morte estavam entoando o mesmo canto. Eis um modo de demonstrar como os conceitos ou "valores" não podem ser avaliados ignorando quem são seus portadores, como seus efeitos políticos não derivam analiticamente de sua definição, mas sim de uma aposta na reinterpretação feita por forças em conflito,[40] cuja confrontação é a única que confere aos conceitos seus sentidos políticos, isto é, sua *posição*. No plano metodológico, isso significa não se prender à análise abstrata dos princípios e saber discernir seus usos e escolher os homens "com quem se pretende formar uma sociedade".

Ora, seja pelo amálgama, seja pela indiferenciação, é exatamente isso o que Schmitt *finge* ignorar. Como efeito, sua análise deixa de considerar não apenas a pluralidade das versões do humanismo político, como também os

40 "Aqui, como muitas vezes, todos estão lutando em nome dos mesmos valores: liberdade e justiça. A diferença é o tipo de homem para quem a liberdade ou a justiça é exigida, com quem se pretende construir a sociedade: os escravos ou os senhores. Maquiavel tinha razão: é preciso ter valores, mas isso não é suficiente, e é até perigoso limitar-se apenas a isso; enquanto não tivermos escolhido aqueles cuja missão é carregá-los na luta histórica, não haverá avanço". Maurice Merleau-Ponty, *Signes*, Paris, Gallimard, 1985, p. 279 [*Signos*, trad. de Maria Ermantina Galvão Gomes Pereira, São Paulo, Martins Fontes, 2019].

jogos complexos de reapropriação conflituosa às quais esse discurso pode dar lugar. A redução do universalismo à sua faceta imperialista visa, de fato, impedir – e esse sempre foi o desafio para as críticas reacionárias – as suas aplicações emancipatórias.

Para serem expressas e concebidas, as imensas caças aos homens do Novo Mundo tiveram que associar os três grandes motivos do poder cinegético legados pela tradição: os indígenas foram ao mesmo tempo *adquiridos* como escravos, *subjugados* como súditos e *banidos* como foras da lei.

No entanto, longe de ser uma consequência lógica de um humanismo político homogêneo, essas violências foram, de modo corriqueiro, a manifestação – mas não a única, como veremos – de um movimento amplo e brutal de apropriação econômica, de uma sede ardente pelo ouro e pela conquista. Concomitantemente, em outra margem do Atlântico, outras caças estavam se iniciando. As suas motivações eram as mesmas.

05

caça aos peles-negras

[...] o extermínio, a escravização e o soterramento da população nativa [...], a transformação da África numa reserva para a caça comercial de peles-negras caracterizam a aurora da era da produção capitalista.

Karl Marx, *O capital*[1]

A vida de um africano não tem valor algum; nós somos presas que os caçadores pegam no deserto, e animais que são mortos à livre vontade.

Ottobah Cugoano, *Reflexões sobre o comércio e a escravidão dos negros*[2]

1 Karl Marx, *O capital*, trad. de Rubens Enderle, São Paulo, Boitempo, 2013, livro 1, p. 998

2 Ottobah Cugoano, *Réflexions sur la traite et l'esclavage des nègres*, Paris, Zones, 2009, p. 89.

Em 1440, o português Antão Gonçalves foi enviado às costas de Guiné "para carregar seu navio com peles de lobos marinhos".[3] Certo dia, ao desembarcar com dez de seus subordinados, ele "descobriu um homem nu que carregava duas lanças nas mãos e puxava um camelo; era um mouro que, tomado pelo medo, deixou-se levar sem resistência".[4] Ao voltar ao navio, o capitão encontrou outros indígenas na estrada, entre os quais uma mulher, que tratou logo de capturar. Ambos foram, sem dúvida, "os primeiros habitantes dessa costa que caíram nas mãos dos portugueses".[5] Fortalecido por esses primeiros sucessos, ele voltou à terra com tropas mais numerosas: "Na calada da noite, encontrou outros mouros. Essa gente estava tão próxima dos selvagens que os tomavam pelos braços, reconhecidos apenas pela nudez e pela diferença de linguagem; mataram três deles, capturaram dez e voltaram para suas embarcações".[6] Ao longo desses anos, os navios portugueses entraram nos portos carregados com novas mercadorias. Nos porões, junto a peles de búfalos e alguns "ovos de avestruz", traziam as primeiras cargas de africanos capturados. De volta à Europa, eles expunham seus troféus: "Todos admiraram a cor dos escravos",[7] relata a *Histoire générale des voyages.*

A caça aos negros havia começado. Mas ela só ganhou proporção com a "descoberta" da América e com o crescimento do comércio triangular – isto é, com a formação de um capitalismo transatlântico.

No início do século XVI, Mvêmb'a a Ñzînga, rei de Manicongo, escreveu uma longa carta ao rei de Portugal, a quem ainda chamava de "irmão". Na carta, denunciava

---

3 Charles Athanase Walckenaer, *Histoire générale des voyages*, Paris, Lefèvre, 1826, Tomo I, p. 68.

4 *Ibid.*

5 *Ibid.*

6 *Ibid.*

7 *Ibid.*, p. 70.

as ações dos caçadores de escravos portugueses em sua terra: "Todos os dias os comerciantes levam nossos súditos, filhos deste país, filhos de nobres vassalos, e até mesmo nossos parentes. Ladrões e homens inconsequentes os levam com o objetivo de traficar essa mercadoria do país, que se tornou objeto de cobiça. Eles os levam e os vendem. Essa corrupção e essa depravação está se generalizando de tal forma que nossa terra está completamente despovoada".[8] Sua queixa, no entanto, foi ignorada. E, apesar da resistência africana, o tráfico escravagista se intensificou.

Às primeiras incursões dos exploradores e aos raptos esporádicos, sucedeu gradualmente um sistema orgânico de abastecimento. Fazendo uso da força e do interesse, as potências europeias conseguiram garantir a colaboração dos poderes africanos. Alianças militares foram instituídas, e passou-se a trocar armas por capturados. Esses acordos pontuais logo tomaram a forma de parcerias comerciais sistematizadas. O comércio de escravos tinhas suas próprias tarifas, seus depósitos, ritos e cerimônias. A demanda crescia obstinadamente, e a caça ao homem atingiu seu ápice.

No Congo, quando os caçadores de escravos "não mais encontraram em suas terras a mercadoria que os portugueses lhes pediam", eles ampliaram o raio de ação e empregaram diversas formas de violência, "desde um grupo armado formado por cúmplices autóctones, relativamente numerosos, que ataca uma vila indefesa ou uma família isolada, até a caça, à maneira das aves de rapina, de um indivíduo que estava em busca de provisões na floresta".[9] Os comerciantes europeus instilaram entre os povos africanos um estado de guerra permanente, que, como especifica Kabolo Iko Kabwita,

8 Mvêmb'a a Ñzînga, "Au très puissant et excellent prince Dom João, notre frère", 6 de julho de 1526, em Louis Jadin, Mireille Dicorato (eds.), *Correspondance de Dom Afonso, roi du Congo, 1506-1543*, Bruxelas, Académie royale des sciences d'Outre-mer, 1974, p. 156.

9 Kabolo Iko Kabwita, *Le royaume Kongo et la mission catholique, 1750-1838*, Paris, Karthala, 2004, p. 102.

era menos "uma guerra clássica do que de uma caça ao homem".[10] Na província de Bembe de Benguela, os caçadores de homens utilizavam suas próprias tropas como iscas para emboscadas e, escondidos à espreita no mato, esperavam que os ladrões de gado aparecessem para que pudessem capturá-los.[11]

Além da caça *stricto sensu*, as técnicas de aquisição dos escravos envolviam procedimentos da escravidão por dívidas e da servidão penal, além do *poignage*, que o viajante Grandpré definiu como "a ação de capturar um homem para vendê-lo, [...] um direito que os nascidos príncipes exercem sobre qualquer homem que não lhe seja um semelhante".[12] Uma vez avistada uma presa em potencial, apresentavam-na a um europeu "sob um pretexto qualquer, mais frequentemente para beber cachaça".[13] O comerciante então podia avaliar sua peça. Caso decidisse comprá-la, "um executor se aproximava da vítima e saltava sobre ela como se ela fosse um animal selvagem".[14]

Muito rapidamente, os europeus não precisaram mais caçar suas próprias presas. Jogando com as relações de dominação internas às sociedades africanas, eles delegaram a tarefa a intermediários locais. A divisão de trabalho entre fornecedores africanos e "empreiteiros" europeus oferecia vantagens apenas aos últimos: ela lhes garantia abastecimento constante dispensando-os das dificuldades da caça. Como em toda política de colaboração, a estratégia consistia em corromper – ou, não sendo possível , em sujeitar – os líderes dos dominados.

---

10 *Ibid.*, p. 103.

11 Cf. Dieudonné Rinchon, *La traite et l'esclavage des Congolais par les Européens*, Wetteren, J. De Meester et Fils, 1929, p. 170.

12 Louis-Marie-Joseph Olivier de Grandpré, *Voyage à la côte occidentale d'Afrique*, Paris, Dentu, 1801, p. 212.

13 Kabolo Iko Kabwita, *op. cit.*, p. 104.

14 *Ibid.*

Nos discursos escravagistas, a incumbência das tarefas concretas de captura foi acompanhada da transferência de responsabilidade: não era mais necessário, assim como aconteceu com os indígenas na América, justificar a caça aos indígenas na África. Ninguém precisava ordenar-lhes a caça: eles mesmos se responsabilizam por ela. De modo que, se os africanos eram escravos, isso acontecia por iniciativa própria. Eis o argumento da culpa africana, grande tópos do discurso imperialista sobre o "continente negro", resumido, no século XIX, por um missionário francês na África: "seus primeiros carrascos são os próprios africanos".[15]

Tal argumento, que, como veremos, terá diversas outras variantes históricas, ainda hoje está em circulação; aqueles que o utilizam não parecem se dar conta de que estão apenas reproduzindo um dos motivos mais triviais do discurso escravagista, frequentemente combatido pelos abolicionistas desde o século XVIII.

Em sua variante histórico-etnográfica, o argumento consiste em apresentar a caça aos escravos como uma tradição local africana cujo comércio transatlântico não passava de uma simples extensão – e, ainda, apresentando-a como uma relativa melhoria no destino dos capturados.[16] Já no século XVIII, Benezet, que produziu o que continua sendo umas das denúncias mais poderosas da escravidão no período moderno, defendia a ruptura radical dessas práticas: "foi muito tempo depois de os portugueses terem instaurado a prática de submeter violentamente os indígenas da África à escravidão que passamos a observar diferentes nações negras guerreando umas com as outras e vendendo seus prisioneiros. [...] Os europeus são a principal causa dessas

15 Padre Moinet, *apud* Georges Leblond, *À l'assaut des pays nègres*, Œuvre des Écoles d'Orient, Paris, 1884, p. 316.

16 Para um resumo desse argumento, cf. William Snelgrave, *Nouvelle relation de quelques endroits de Guinée, et du commerce d'esclaves*, Amsterdã, 1735, p. 189.

devastações".[17] Mirabeau estende o argumento para o campo econômico: "Para que procurar o motivo dessas guerras nos costumes dos africanos, quando sua razão se encontra na feroz indústria da ganância europeia? Por acaso faltam evidências de nossa ambição ao estimular esses combates abomináveis? [...] Se existem traficantes de escravos, por que não existiria vendedores? É necessário mais crueldade para caçar homens ou para comprá-los no mercado?".[18] Mirabeau estava se orientando pela própria lógica mercadológica: de fato, dada a anterioridade – lógica, e não cronológica – do mercado sobre a captura, da demanda sobre a oferta, era a atividade comercial das companhias europeias que gravitava no centro da caça aos escravos.

O fato de os negros terem sido reduzidos à escravidão, de terem sido presas universais dos brancos, era explicado de outra maneira. Por que o tráfico realizado era exclusivamente de negros? A resposta era a seguinte: da "inferioridade da raça negra nasce esse grande comércio de escravos do qual a Nigrícia[19] foi uma fonte inesgotável". Uma explicação que "derruba a opinião de quem atribuía as desgraças da raça africana exclusivamente aos comerciantes europeus".[20] Estamos diante da tese clássica de responsabilidade africana – dessa vez reformulada conforme a lógica determinista de uma teoria das raças.

A realidade, no entanto, era outra. Como confessava, no século XVIII, um diretor-geral do comércio no Senegal: "A região era bastante populosa, o solo era fértil, e se esses povos se mostrassem habilidosos, poderiam, com sua própria produção, manter um negócio muito vantajoso com

---

17 Anthony Benezet, *Some historical account of Guinea*, Londres, Owen, 1772, p. 60.

18 Mirabeau, "Discours sur l'abolition de la traite des noirs", em Marcel Dorigny (ed.), *Les Bières flottantes des négriers*, Saint-Étienne, Publications de l'Université de Saint-Étienne, 2006, p. 65.

19 [N. E.] Termo arcaico na cartografia europeia para referir-se à África Ocidental.

20 *Ibid.*, p. 84.

os estrangeiros, pois havia poucas coisas em que podiam ser superados; mas – acrescenta – é de se esperar que os europeus nunca lhes desvelem esse segredo".[21]

A ideologia racista, com sua vigilância ativa, assegurava que esse "segredo" nunca fosse divulgado, e lutava para identificar as relações socioeconômicas segundo o código da raça. Um deslocamento epistemológico um tanto absurdo: a tarefa de explicar o conflito histórico que estava ocorrendo pelo contato entre o modo de produção capitalista europeu e as sociedades africanas foi confiada, desde o século XVIII, a zoólogos e especialistas de história natural.

Durante séculos, na esteira de Aristóteles, buscaram-se sinais que provassem que os escravos eram escravos por natureza. Os teóricos modernos finalmente os encontraram, mas, evidentemente, sem fazer grandes esforços: "A natureza serviu melhor os senhores modernos do que os senhores antigos. A cor da pele é um sinal que não pode passar despercebido por ninguém e que oferece, na melhor parte do Novo Mundo, o *criterium* infalível que Aristóteles parece lamentar".[22] A teoria das raças ancorou sua base pseudocientífica na antiga categoria de "escravo por natureza", em um contexto em que se admitia que a servidão natural dos africanos, como resumiu Virey, "pertencia tanto à zoologia quanto à política".[23]

A grande invenção teórica do racismo imperialista foi essa zoologização das relações sociais. A dinâmica entre as espécies se tornou um modelo privilegiado para pensar as relações entre os povos. Nesses termos passou-se a explicar, e também a se justificar, a predação escravagista. O modelo não excluía certa margem para "melhorias" nas raças inferiores, mas dentro dos limites da hierarquia racial: "Assim como

---

21 André Brue, segundo Anthony Benezet, *op. cit.*, p. 109.

22 Jules Barthélemy-Saint-Hilaire em seu comentário sobre a *Política*, de Aristóteles, Paris, Imprimerie Royale, 1837, Vol. I, p. 17.

23 "Nègres", *Nouveau dictionnaire d'histoire naturelle*, Paris, 1818, Tomo XXIII, p. 436.

um poodle nunca será um cão de caça, um negro nunca será um Platão ou um Aristóteles",[24] ousava dizer um naturalista francês do século XIX.

A teorização racial da escravidão dos africanos permitia combinar duas teses: os negros eram intrinsecamente responsáveis por sua servidão e, ao mesmo tempo – e precisamente por este motivo –, *não podiam fazer nada a respeito*. De certa forma, tinham completa responsabilidade sobre sua condição, pois eram, eles próprios, a causa endógena, e, ao mesmo tempo, não tinham nenhuma responsabilidade, pois a causa era a própria natureza. Ainda que num sentido diferente, a ideia se estendia para as nações europeias: ao perpetuarem seus crimes, elas estavam apenas cumprindo o impulso predatório que a superioridade racial lhes concedia. Esse argumento paradoxal da responsabilidade irresponsável dos africanos recebeu formulações ainda mais sutis no registro da filosofia moral e política.

Condenar a vítima é um procedimento clássico e conhecido entre agressores e algozes: é ela a culpada. Não apenas foi agredida, mas *provocou* a própria agressão. Ela mesma evocou a violência que lhe foi infligida. Em última instância, o próprio fato de que tenha se deixado ser tratada assim – e pouco importa se não tinha outra opção – revela que, em certa medida, ela *mereceu*. Voltaire diz exatamente isso quando escreve a propósito do tráfico: "Estão criticando esse comércio, mas um povo que trafica seus filhos é ainda mais condenável do que quem compra: essa negociação prova nossa superioridade; aquele que se entrega a um senhor nasceu para tê-lo".[25] E ainda esclarece: "Podemos dizer que alguns homens merecem ser escravos da mesma maneira que dizemos que um avarento às vezes merece ser roubado".[26]

---

24 *Apud* Charles Levasseur, *Esclavage de la race noire aux colonies françaises*, *op. cit.*, p. 82.

25 Voltaire, *Essai sur les moeurs et l'esprit des nations*, Paris, Bordas, 1990, Vol. 2, p. 805.

26 *Ibid.*

O argumento aristotélico do escravo por natureza encontra-se aqui reinterpretado no âmbito de uma teoria da culpa e da responsabilidade: é escravo por natureza aquele que se torna agente de sua própria servidão. No entanto, Voltaire acrescenta: "Aquele que se aproveita da fraqueza ou da covardia de outro para reduzi-lo à escravidão não é menos culpado. [...] Esses crimes são obras dos europeus, que inspiraram nos negros o desejo de cometê-los, e que lhes pagam para cometê-los. Os negros não são mais do que os cúmplices e instrumentos dos europeus; estes sim são os verdadeiros culpados".[27]

Além da aparente contradição, ambas as teses estavam na verdade jogando com dois conceitos distintos de culpa: uma noção de responsabilidade moral e uma noção de responsabilidade penal. Do ponto de vista penal, o ladrão é o único culpado, pois é ele que, de forma ativa, comete o delito. No entanto, aquele que, por negligência ou vício, provoca, de certa maneira, o roubo, é igualmente culpado, mesmo que a infração não lhe possa ser imputada por lei. É a noção de um comportamento que incita o crime. Se não se pode condenar a vítima por um roubo, pode-se pensar que de alguma maneira ela o mereceu. Era essa a idcia que Voltaire queria incutir no espírito do leitor.

Ainda que a princípio pareçam antinômicas, as duas afirmações convergem para a mesma tese de fundo: quer os africanos sejam agentes de sua própria servidão, quer sejam auxiliares passivos dos europeus, não passando de simples "instrumentos", em ambos os casos eles serão colocados sob o símbolo de uma inferioridade radical. Em um primeiro momento, eles são identificados como sujeitos ativos, como agentes, embora de um modo paradoxal, pois essa subjetividade só lhes foi provisoriamente concedida para melhor torná-los sujeitos de sua própria alienação. Sua autonomia, nesse sentido, consiste na negação da própria autonomia,

27 *Ibid.*

pois consiste em se vender. Porém, em seguida, esse mínimo poder de ação é negado: os africanos como cúmplices dos europeus não chegam nem mesmo a agentes de sua própria servidão; eles são os instrumentos passivos de uma vontade estrangeira. São os europeus que os levam a fazer o que fazem. A inferioridade que é estabelecida no primeiro momento não apenas é redirecionada, mas acentuada até que lhes seja negado qualquer poder de ação, inclusive no modo de colaboração. Sob o pretexto de finalmente reconhecer a responsabilidade europeia – como poderia ser negada? –, a argumentação afirma não a *inocência*, mas a *irresponsabilidade* dos africanos – uma irresponsabilidade essencial, ligada a uma inferioridade substancial de ordem étnica. A África passa a ser um não sujeito absoluto.

Essa maneira de apresentar o problema da responsabilidade da escravidão resulta no que poderíamos chamar de *dilema da vítima*: ou se reconhece nos africanos autonomia de ação, e então seria necessário torná-los agentes de sua própria alienação, ou seja, seus próprios carrascos; ou eles são considerados puras vítimas, simples objetos dos europeus, e então o preço é a negação de seu poder de ação. No primeiro caso, eles são considerados corresponsáveis dos crimes do tráfico; no segundo, são reconhecidos como vítimas e, também por isso, desprovidos de qualquer poder de ação autônoma e de recurso próprio para se libertar. Tal antinomia forma uma poderosa armadilha lógica capaz de aprisionar em um impasse político aqueles que por ela são capturados.

Sem dúvida, a questão é saber em que medida culpar os oprimidos seria a condição necessária para lhes reconhecer uma subjetividade política. Há aqui uma confusão: o fato de os escravos serem reconhecidos como responsáveis por sua libertação, no sentido de que essa tarefa lhes cabe, não pressupõe, de forma alguma, torná-los responsáveis por sua opressão, como se a tivessem desejado. A ideia de que é preciso imputar aos oprimidos a responsabilidade histórica da própria servidão para que se possa atribuir a eles sua emancipação é um sofisma.

Contudo, esse problema, que o pensamento iluminista apresentava como uma antinomia moral, ainda se juntaria a outra forma de pensamento. Uma mudança de registro que ocorre nos escritos de Hegel.

Lembremo-nos da dialética domínio/escravidão: se o escravo é escravo, é porque ele preferiu viver na servidão do que enfrentar a morte para defender sua liberdade. Então, *de certa forma*, ele também escolheu essa condição: "O fato de que qualquer um possa ser escravo depende de sua própria vontade, como depende da vontade de um povo ser escravizado. Sendo assim, a injustiça não está apenas do lado daqueles que escravizam ou dos que oprimem, ela também está do lado dos escravos e dos oprimidos".[28] Por não ter escolhido a morte, o escravo terá aceitado uma forma de servidão voluntária, em um tipo de pacto tácito das consciências:[29] "Existe sempre algo da ordem do direito no fato de que um outro me faça de escravo. Eu poderia ter escolhido a morte".[30]

A retomada hegeliana da tese da responsabilidade escrava foi por vezes apresentada como um gesto paradoxalmente emancipatório: ao afirmar o consentimento tácito dos oprimidos à sua opressão, ela lhes restituiria - e aí estaria sua dimensão emancipadora - a vontade que lhes havia sido negada. De acordo com essa leitura, o ato de culpar os oprimidos seria então interpretado como uma injunção provocativa para assumir o controle de sua própria libertação.

---

28 Hegel. *Principes de la philosophie du droit*, § 57, adendo, Paris, Vrin, 1991, p. 111.

29 No entanto, isso não significa que Hegel estivesse ignorando a violência do regime escravista: "em um navio negreiro, a tripulação está constantemente armada e se usa da maior prudência para evitar uma revolta, assim como os espartanos sempre tiveram seus olhos nos hilotas, em um estado permanente de guerra contra inimigos", Hegel, *Leçons sur la philosophie de l'histoire*, Paris, Vrin, 1963, p. 201.

30 Hegel, *Vorlesungen über die Philosophie des Rechts: Berlin 1819/1820*, Hamburgo, Felix Meiner, 2000, p. 22.

Ao colocar a responsabilidade na mão dos escravos, Hegel estaria cogitando sua autoemancipação.[31]

A interpretação é sedutora. Porém, no que diz respeito à posição de Hegel, considero que essa leitura seja falsa. Outros textos não deixam o menor espaço para a ambiguidade: "Acusaram os europeus de terem incentivado a escravidão; isso não é verdade, pois antes os escravos eram devorados quando capturados na guerra; hoje em dia, pelo menos, eles são vendidos a outros homens. O negro não existe como ser livre por natureza; muito pelo contrário. Fosse a escravidão completamente ilegítima, seria necessário conceder imediatamente a liberdade aos escravos; mas daí resultam as consequências mais terríveis, como nas colônias francesas. É preciso incutir-lhes a liberdade domesticando a natureza dos negros".[32] Tese da anterioridade do tráfico intra-africano e da relativa melhoria do destino dos deportados,[33] defesa da Europa pela negação parcial da responsabilidade histórica: estamos diante de elementos conhecidos. Segue-se ainda a clássica tese hegeliana segundo a qual a liberdade não é uma determinação natural (não se nasce livre, é preciso tornar-se livre). Só que essa tese ganha a forma de um postulado racista, segundo o qual os negros, presos em sua própria natureza, são necessariamente destituídos de toda consciência da liberdade. A frase de Hegel é decisiva para esclarecer sua posição em relação à Revolução Haitiana, pois é a este acon-

31 David Brion Davis elogia a genialidade de Hegel resumindo assim sua lição fundamental: "Não temos nada a esperar da misericórdia divina ou da piedade daqueles que exercem o domínio temporal em seu nome, ou em nome de outra pessoa; a verdadeira emancipação do homem, seja física ou espiritual, sempre dependerá daqueles que suportaram e superaram alguma forma de escravidão", David Brion Davis, *The problem of slavery in the age of revolution*, Nova York, Oxford University Press, 1999, p. 564.

32 Hegel, *Die Philosophie der Geschichte: Vorlesungsmitschrift Heimann (Winter 1830/1831)*, Munique, Fink Verlag, 2005, p. 70.

33 Sobre esse assunto, ver outra passagem: "Os negros são escravizados pelos europeus e vendidos na América. No entanto, a sorte deles é ainda pior em seu próprio país, onde existe uma escravidão absoluta; pois, em geral, a base da escravidão é que o homem ainda não está consciente de sua liberdade", Hegel, *Leçons sur la philosophie de l'histoire*, *op. cit.*, p. 77.

tecimento que ele se refere ao invocar as "colônias francesas"; em suma, Hegel recusa a opção da libertação imediata dos escravos, e o faz em nome de suas "consequências terríveis", ou seja, da violência política que implicava uma insurreição armada contra um sistema de dominação tão coercivo quanto o regime escravagista.[34] A esse cenário, que não é outro senão o da autoemancipação, Hegel opõe uma pedagogia paternalista da liberdade, baseada no postulado racista da naturalidade com que a raça negra deve ser domesticada, ou seja, moldada por meio da coerção. O projeto é o de uma abolição gradual da escravidão, conduzida sob orientação dos colonos, com base na ordem e na disciplina.[35] Estamos bem longe da imagem de um Hegel admirador secreto de Toussaint Louverture.

No lugar de apresentar a tese da responsabilidade africana como um primeiro momento paradoxal de um processo de autoemancipação, Hegel a apresenta como uma limitação da ação política escrava. Em vez da autoemancipação, ele prefere, em um esquema paternalista, um cenário de abolição gradual da escravidão. A responsabilidade política pela libertação escapa aos escravos negros, em função da própria responsabilidade ontológica que lhes é atribuída em sua servidão.

Chegamos então a um impasse: Hegel responsabiliza parcialmente os escravizados pela escravidão, por não escolherem lutar até morrer, e, ao mesmo tempo, nega-lhes a opção política da luta quando esta se apresenta concretamente na situação histórica. É um caso típico de injunção contraditória.

---

34 Esse texto de Hegel nos leva a relativizar fortemente a interpretação proposta por Susan Buck-Morss, *Hegel e o Haiti*, trad. de Sebastião Nascimento, São Paulo, n-1 edições, 2017.

35 Em outro lugar, depois de afirmar que "é da maior importância para os reis venderem seus súditos, e que a escravidão trouxe, assim, mais humanidade aos negros", Hegel conclui: "a abolição gradual da escravidão é, portanto, algo mais adequado e justo do que sua abolição repentina", Hegel, *Leçons sur la philosophie de l'histoire*, *op. cit.*, p. 79.

Isso se torna ainda mais problemático porque Hegel, como veremos, não apenas nega aos escravos negros a possiblidade de luta até a morte como opção política, mas também, de modo ainda mais radical, nega que tal fenômeno possa mesmo *existir* para eles.

Se, por um lado, ele é capaz de escrever algo como: "Não existe nenhuma injustiça absoluta para aqueles que continuam escravos, pois quem não tem coragem de arriscar a própria vida para conquistar sua liberdade merece ser escravo";[36] de outro, quando encontra efetivos atos de coragem, notórios atos de resistência, em que os africanos preferem a liberdade a uma vida de servidão, conforme os próprios termos de sua dialética, Hegel os reinterpreta de modo a negá-los: "O que caracteriza o desprezo do negro pelo homem não é o desprezo pela morte, mas o valor que concede à vida. É, precisamente, à indiferença pela vida que se deve atribuir a coragem dos negros, que sustentam uma imensa força física; coragem que faz com que padeçam aos milhares sob o fogo nas guerras contra os europeus. Realmente, a vida só tem valor quando ela tem algo de digno como finalidade".[37] Assim, quando os africanos se envolvem em uma luta fatal, não é que eles acessaram uma consciência da liberdade e superaram o apego sensível à vida e o medo da morte; caso morram em combate, não é sinal de que estão enfrentando a morte, mas, ao contrário, é a prova de que desprezam a vida. Aqui ainda se manifesta o postulado racista de Hegel: excluído da história, preso em sua natureza,[38] o negro não poderia ter consciência da liberdade, tampouco noção do valor da vida humana. Assim, o sacrifício de sua vida não significa, para ele, um verdadeiro sacrifício.

---

36 Hegel, *Encyclopédie des sciences philosophiques III: Philosophie de l'esprit*, Paris, Vrin, 1988, p. 535.

37 Hegel, *Leçons sur la philosophie de l'histoire*, *op. cit.*, p. 78.

38 "O negro representa o homem natural em toda a sua selvageria e petulância", *ibid.*, p. 76.

Os negros, diz Hegel, "morrem ingenuamente".[39] Por isso, sua coragem não aparenta ser uma coragem legítima; antes, é pura inconsequência. Se os africanos morrem aos montes em batalhas contra os europeus, não é pelo motivo material de que estes têm armas de fogo, enquanto os primeiros não as têm; se são massacrados é porque *eles mesmos* desprezam a própria vida. A vida humana, como sabemos, era muito valorizada nos mercados europeus educados com o leite do cristianismo – porém apenas quando se tratava de suas próprias vidas.

Nessa fantástica inversão da realidade, os massacres realizados por europeus são atribuídos a um desprezo daqueles que são mortos pela *própria vida*. A prova disso? A prática disseminada na África da caça aos escravos: "O desprezo pelo homem, o pouco caso como são considerados, ainda se manifesta entre os negros pela escravidão generalizada entre eles".[40] Em um movimento de inversão e de projeção com que já estamos familiarizados, o desprezo escravagista pela vida dos negros é atribuída aos próprios africanos. Como Marx costumava dizer sobre Hegel, tudo é colocado de cabeça para baixo. No século XVIII, porém, o escravo Ottobah Cugoano já havia respondido ao filósofo de Berlim. Quem despreza a vida? Para "os comerciantes de negros", escreve ele, "a vida de um africano não vale nada; não passamos de presas que os caçadores capturam nos desertos, animais que matam como bem entendem".[41]

Hegel responsabiliza os escravos por sua servidão exatamente por não terem sabido enfrentar a morte, mas

---

39 "Eles não têm consciência de que o homem é inerentemente livre. O amor familiar é fraco ou mesmo inexistente. O filho vende seus pais, suas irmãs, sua esposa e seus filhos. Contra todas as considerações éticas, a escravidão domina em grande medida. O homem não tem nenhum valor em si mesmo. Não existe desprezo pela morte, mas existe um desrespeito pela vida, pois eles não têm um fim ético. A morte não tem nenhuma importância para eles. Eles morrem de forma leviana". Hegel, *Die Philosophie der Geschichte*, *op. cit.*, p. 69.

40 Hegel, *Leçons sur la philosophie de la religion*, Vrin, Paris, 1972, Vol. 1, p. 85.

41 Ottobah Cugoano, *Réflexions sur la traite et l'esclavage des nègres*, *op. cit.*, p. 89.

quando se depara com africanos que lutam até a morte, ele nega o fato, reinterpretando-o como algo sem importância. E qual é a função dessa injunção contraditória? Ao dizer que o regime escravagista não poderia perdurar caso os escravos ousassem recusá-lo ao custo de suas vidas, a questão estava em pressupor que *eles não a recusaram*. O efeito consiste em negar a realidade das resistências escravas. Sob o pretexto de escapar do paternalismo, atribuindo-se, paradoxalmente, aos oprimidos a responsabilidade subjetiva de sua sujeição, oculta-se, na verdade, a existência de outra forma de subjetividade, atual e efetiva: a vontade massiva e tenaz de libertação dos escravos africanos, cujo testemunho, desde os primórdios do tráfico, alcança um volume impressionante de narrativas e de documentos.

Se os africanos estão radicalmente excluídos da dialética hegeliana - e, por extensão, da subjetividade política -, isso ocorre, em primeiro lugar, em razão de um postulado racista que os priva da consciência da vida e da liberdade. Também ocorre porque o ponto de partida da relação de consciência que se estabelece na experiência da escravidão moderna não corresponde ao esquema canônico da fenomenologia hegeliana do senhor e do escravo. A situação inicial não é o encontro de duas consciências indiferenciadas que, por meio de livre confronto, estabelecem uma relação de dominação, mas antes uma situação em que a dominação preexiste, em que um foge porque o outro já o persegue. Trata-se de um ponto de partida distinto que, como veremos, dá início a outra dialética.

Caça ao escravo fugitivo (1840).

The American anti-slavery almanac for 1840, p. 13.

06

dialética do caçador e do caçado

Seus senhores se divertem caçando-os como animais selvagens [...], gabam-se de ter assassinado um negro fugido, como na Europa se orgulham de ter matado pelas costas um cervo ou um veado.

Condorcet, *Reflexões sobre a escravidão dos negros*[1]

Eu mesmo, infeliz, serei assassinado e devorado por aqueles de quem me alimentei. Eu, que os caçava, agora serei caçado por eles; pagarei o sangue deles com o meu.

Sófocles, *Filoctetes*

1 Marquês de Condorcet, *OEuvres*, Paris, Didot, 1847, Tomo VII, p. 89.

No século XV, em seu *Crônica de Guiné*, Gomes Eanes de Zurara relata um ataque dos portugueses a uma vila na costa africana: "Gritando 'Santiago! São Jorge! Portugal!', atacaram, matando e capturando todos que puderam. Dava para ver as mães abandonando seus filhos e os maridos abandonando suas mulheres, cada um tentando fugir o mais rápido possível. Alguns deles se afogavam no mar, outros procuravam esconderijo em suas cabanas, outros escondiam os filhos debaixo de vegetação marinha, acreditando que os deixariam fora de perigo".[2]

Para compreender o processo exato da experiência da escravidão moderna, para descrever a teia de consciências que estava se formando, é preciso voltar ao ponto de partida: o momento da perseguição que precede a captura.

A diretriz aqui é a da formação de uma subjetividade política na situação da presa. Como, em tal configuração prática, é possível se tornar sujeito? E que tipo de sujeito? Sendo ela própria moldada pela relação de caça, como uma consciência perseguida pode superar sua condição de presa e iniciar o movimento de libertação?

Diferentemente do esquema hegeliano, o ponto de partida não é o confronto em pé de igualdade de duas consciências cujas posições são permutáveis. A dominação escravagista não nasce de uma luta aberta, mas de uma relação, que é desde o início assimétrica, de caça ao homem. Aqui, o caçador já ocupa a posição do senhor, antes mesmo que as operações comecem. Ele conhece sua potência e sua supremacia material. A presa, desprevenida, não está em condição de se permitir o confronto com o grupo de caçadores. A princípio, ela não tem nenhuma outra escolha a não ser fugir.

A experiência da perseguição instaura uma relação com o mundo orientada por uma preocupação radical: cada percepção, incluindo a do seu próprio corpo, torna-se um

2 Gomes Eanes de Zurara, *Chronique de Guinée*, Dakar, IFAN, 1960, p. 99.

pressentimento de perigo. Viver em estado de alerta, é isso o que caracteriza o animal,[3] e é nesse sentido que a caça animaliza o homem perseguido. Olaudah Equiano, à espreita na floresta, ouve os sons da noite: "Eu comecei a pensar que, mesmo se eu conseguisse escapar de todos os outros animais, eu não poderia escapar à espécie humana. [...] Assim, eu era como um cervo acossado: *Cada folha e cada sopro do meu corpo, / Me sugeriam um inimigo, e cada inimigo, a morte*".[4]

A experiência da presa é a de se tornar um indivíduo isolado, apartado dos seus, cada um por si. A experiência da captura faz com que ele sinta sua impotência absoluta – uma cena interiorizada por cada um como pânico, como prova da onipotência do senhor.

À perseguição sucede-se o embarque no navio negreiro. É aí que pode ter início a primeira forma de luta até a morte: "Ao deixarmos essas paragens, teríamos preferido a morte à vida. Planejamos pôr fogo no navio e morrer todos juntos nas chamas".[5] Aqui, não se trata de uma situação em que, de modo dialético, caso se vença o combate, a exposição à morte possibilita a vida em liberdade. Ainda que o motim seja bem-sucedido, o navio, perdido no oceano, passa a ser um caixão flutuante. Não existe saída. A revolta é puro ato de resistência heroica.

---

3 "Para mim, o animal é um ser fundamentalmente à espreita", Gilles Deleuze, *L'Abécédaire – A: Animal.* Entrevista concedida a Claire Parnet. Direção de Pierre-André Boutang. Paris: Éditions Montparnasse, 1996. (3 DVDs)

4 "The Interesting Narrative of the Life of Olaudah Equiano", em William L. Andrews, Henry Louis Gates (eds.), *Slave narratives*, Library of America, Nova York, 2000, p. 68. Equiano cita dois versos do poema "Cooper's Hill" do escritor inglês John Denham.

5 Ottobah Cugoano, *Réflexions sur la traite et l'esclavage des nègres, op. cit.*, p. 32. Quando a revolta coletiva não era possível, "a resistência individual costumava assumir a forma de tentativa de suicídio [...]. Um dos meios mais comuns era recusar-se a comer". A tripulação então usava "o *speculum orum*, um dispositivo de parafuso que forçava a abertura da boca e permitia que a tripulação alimentasse à força os recalcitrantes", Junius P. Rodriguez (ed.), *Encyclopedia of slave resistance and rebellion*, Westport, Greenwood Press, 2007, p. 323.

A única forma de combate possível nesse estágio é a liberdade da morte, ou seja, uma figura abstrata da libertação. O espaço do navio negreiro, por conter tal escolha trágica, era paradigmático da dominação escravagista sonhada pelos senhores: um espaço sem saída.[6] Mesmo a "escolha" entre a liberdade na morte ou a vida de servidão fazia parte do dispositivo de dominação - havia apenas uma única opção, uma opção impossível - que o poder escravagista pretendia deixar para suas presas. Os termos dessa alternativa - a escravidão ou a morte - eram os termos desejados pelos senhores. E enquanto a única forma de liberdade para os escravos era a morte, os negócios iam bem. Torna-se, pois, problemático assistir ao pensamento filosófico adotar essa alternativa esquecendo-se de sua origem e sua função, tratando-a mais como uma necessidade especulativa do que como o que realmente era, ou seja, um dilema prático forjado pelos senhores, em que a única forma de ser livre era morrendo, e em que continuar a viver poderia ser interpretado como um consentimento tácito à própria servidão.

Estar preparado para morrer em nome da liberdade é, sem dúvida, a condição necessária para se engajar um verdadeiro combate de libertação; entretanto, não há nenhuma chance de sucesso enquanto o suicídio heroico continuar sendo a única saída disponível. Aplicada tal qual a situação dos escravos modernos, a exigência hegeliana de desprezo pela morte permite formular apenas uma moral abstrata da liberdade, e não uma estratégia de libertação.

Neste primeiro momento, a estrutura fundamental da consciência servil (pelo menos aquela desejada pelo senhor) está encerrada na não escolha entre uma vida de morto-vivo

6 Os suicídios ocorriam sempre que os escravos rebeldes eram cercados em uma situação sem saída. Elsa Dorlin cita os fugitivos de São Tomás, "tão aterrorizados com a caça constante dos franceses que todos eles juraram se matar". Os cadáveres foram encontrados na floresta, "na mesma disposição: alinhados um ao lado do outro, cada um segurando uma arma na cabeça do vizinho". Cf. Elsa Dorlin, "Les Espaces-temps des résistances esclaves: des suicidés de Saint-Jean aux marrons de Nanny Town (XVIIe-XVIIIe siècles)", *Tumultes*, N.º 27, 2006, pp. 37-54.

e uma libertação abstrata pela morte. O principal problema das resistências escravas estava em sair da não escolha e superar os termos da alternativa imposta. A dificuldade era encontrar formas de ação que permitissem optar não mais pela liberdade abstrata da morte, em vez da "vida" na escravidão, mas antes pela própria vida, em oposição à vida de morto-vivo que lhes era destinada. Como recusar esta vida que era, ela própria, uma recusa da vida sem recorrer à morte? Eis a pergunta fundamental que desde o início barrava o projeto de uma política escrava. Reconciliar a luta pela liberdade com a luta pela vida era uma tarefa difícil porque, no sistema de dominação, tudo contribuía para separar ambas as exigências, que são, porém, inseparáveis.

Os próprios escravos descreviam a "vida" de servidão nas plantações como uma não vida, como uma vida de morto-vivo.[7] No cinema norte-americano, os filmes de zumbis podem ser interpretados como um retorno à repressão escravagista. Um senhor mata homens cujos corpos, na sequência, ele reanima para fazê-los trabalhar em seu proveito.[8] Ao fazer isso, ele também lhes confere uma força perigosa. É o que pode ser visto na voz monótona da personagem feminina de *A vingança dos zumbis*,[9] pouco antes de engolir seu senhor nas areias movediças de um pântano: "Você não pode me ferir, nem me destruir, nem me controlar". O lema do filme é explícito: *Dead men can't die* [Homens mortos não podem morrer]. Ao transformar a vida dos escravos em

---

7 Veja, por exemplo, Frederick Douglass, *Autobiographies*, Nova York, Library of America, 1994, p. 324.

8 Cf. *White Zombie* [Zumbi branco] (1932), de Victor Halperin, com Bela Lugosi no papel do senhor, e a atualização desse tema em *Night of the Living Dead* [A noite dos mortos-vivos] (1968), de George A. Romero, com a cena final de caça ao homem em que o personagem negro, depois de ter escapado da zumbificação, é morto por caçadores brancos: vida de morto-vivo ou morte em fuga, eis a alternativa deixada para a consciência negra.

9 *Revenge of the Zombies* (1943), dirigido por Steve Sekely. O roteiro fez um duplo *deslocamento*: o papel do escravo negro foi transferido para uma mulher branca, e o do senhor de escravos americano para um intelectual nazista interpretado por John Carradine.

uma não vida, os senhores apostam que eles não tenham mais nada a perder caso a opção de lutar até morrer lhes seja apresentada. Privados da arma da morte, que seria a "senhora absoluta", os senhores perdem autoridade. Porém, esse enredo mostra também um impasse: a revolta dos zumbis é, sem dúvida, um triunfo sobre o senhor, no entanto, não pode restituir mais que uma liberdade fantasmagórica aos dominados. Seu estado de morte em vida é irreversível: mesmo que se vejam livres do opressor, estão condenados ao luto perpétuo por sua vida anterior, aquela de antes da captura, a única que, de fato, foi real. A única forma de liberdade que eles podem obter por meio dessa estranha força que encontram em si mesmos ao se considerarem já mortos é também uma figura abstrata de liberdade, uma liberdade de morto-vivo.

Como se livrar de uma vida de morto-vivo? Orlando Patterson demonstra que esse tipo de superação exige um movimento de dupla negação: "Para o escravo, a liberdade começa com a consciência de que a vida real acontece com a negação de sua morte social. [...] O par liberdade e vida é uma dupla negação, pois, como o estado do escravo é uma negação da vida, a reivindicação da vida passa pela negação dessa negação".[10] E continua: "a liberdade é muito mais do que uma dupla negação";[11] é um processo ativo e criador, e não o retorno à forma de liberdade anterior à captura.

O antigo escravo e líder negro Frederick Douglass relatou o momento em que lutou com as próprias mãos contra o "destroçador de negros" Covey: "Eu o peguei com tanta força pelo pescoço que seu sangue escorria pelas minhas unhas. [...] 'Você está resistindo, seu miserável', disse ele. Ao que eu respondi: 'Sim, senhor'". Douglass comenta: "Eu não era mais um covarde servil, que tremia diante das sobrancelhas franzidas de uma criatura que tinha nascido

---

10 Orlando Patterson, *Slavery and social death: a comparative study*, Harvard University Press, 1982, p. 98.

11 *Ibid.*

do pó, como eu [...], havia chegado no ponto em que já não temia mais a morte".[12] Paul Gilroy demonstrou como Douglass subverteu a "metanarrativa hegeliana do poder, transformando-a em metanarrativa da emancipação".[13] De fato, Douglass coloca no final o que, na obra de Hegel, aparece no início: o momento de lutar até morrer aparece como aquilo que dissolve a relação de dominação, e não mais como aquilo que a constitui. Esse deslocamento – um gesto que foi repetido em todos os usos revolucionários do texto hegeliano – chega a inverter o esquema da fenomenologia do espírito contra si mesmo, transformando-o em uma teoria da insurreição. Onde Hegel fez do trabalho e da disciplina os agentes da superação interna da dominação – e isso, como vimos, em perfeita adequação com suas posições políticas de abolicionista paternalista –, os escravos, às vezes, impunham outras vias.

Nesse novo panorama, a única saída possível para a luta não é mais a liberdade abstrata pela via da morte, seja sob a forma de suicídio, seja sob a forma de uma liberdade espectral. Surge outra possibilidade, paradoxalmente pertencente a um hegelianismo ortodoxo, apesar do deslocamento em relação ao original: trata-se da libertação da vida por meio da mediação de um confronto com o perigo de morte.[14] Porém, o movimento dialético ainda precisa atuar: uma vez a vida posta em jogo no combate, a escolha da luta apenas se converte de modo efetivo em escolha pela vida quando o

12 Frederick Douglass, *Autobiographies*, p. 283, *op. cit.*, *apud* Paul Gilroy, *L'Atlantique noir: modernité et double conscience*, Paris, Kargo, 2003, p. 94.

13 Paul Gilroy, *L'Atlantique noir: modernité et double conscience*, *op. cit.*, p. 91.

14 Gilroy evoca um "recurso à morte como uma solução para o terror e a servidão", e acrescenta que "a escolha de Douglass pela morte confirma os dados de arquivo sobre o suicídio de escravos", *ibid.*, p. 95. Mas, como observa Laura Chrisman, ao fazer isso Gilroy "parece converter apressadamente o fato de estar prestes a arriscar a morte como inclinação positiva, um desejo de morte". Laura Chrisman, *Postcolonial contraventions*, Manchester University Press, 2003, p. 83. Existe uma diferença crucial entre escolher correr o risco de morrer para viver livre e escolher morrer para permanecer livre na morte, o que torna impossível equiparar a luta até morrer com um objetivo suicida, mesmo porque, de acordo com uma distinção filosófica clássica, nesse caso a pessoa não é o agente de sua própria morte.

confronto permite conciliar a vontade de liberdade e o desejo de vida através da vitória. Tal conciliação, no entanto, não é abstrata nem imediata; é uma aposta, cujo sucesso sujeita-se a fatores independentes do movimento puro da consciência: situação, momento propício, relação de forças – enfim, todo um contexto estratégico e político.

Ora, muito antes do combate frontal, outra opção, mais imediata, oferecia-se aos escravos: a fuga. Os escravos das colônias francesas tinham uma expressão própria: escapar do senhor significava "roubar seu cadáver".[15] A liberdade, impossível aqui, ganhava o aspecto de *outro lugar.* A libertação era pensada antes como uma relação com o espaço do que com o tempo, antes a geografia do que a história.

Se, desde o início do tráfico, buscou-se culpar aqueles que eram escravizados pela própria escravidão sob o pretexto de reconhecê-los como sujeitos, as fugas massivas deram lugar a uma concepção completamente diferente da subjetividade escrava: "Que cegueira!", exclamou Schœlcher; "os colonos são loucos de defender que os negros gostam de escravidão, e estão preocupados apenas em evitar fugas e *cimarronajes*!".[16]

Quando todas as precauções fracassavam, a única coisa que restava era perseguir os fugitivos: era a caça aos "*cimarrones*" – termo que se aplicava, de modo geral, a todos "os animais que tinham escapado do jugo dos homens"[17] e, especialmente, aos escravos que tinham fugido da propriedade do seu senhor.

Ora, essa tarefa policial foi designada para pessoas especializadas. Quando um escravo fugia, o *ranchero*, "caçador

15 A expressão é citada por Schœlcher, que se refere ao "crime de ter roubado seus cadáveres, como dizem os negros": Victor Schœlcher, *Histoire de l'esclavage pendant les deux dernières années*, Paris, Pagnerre, 1847, p. 447.

16 *Ibid.*, p. 449. Como forma de refutação, Schœlcher elaborou uma crônica das fugas: "20 de agosto de 1846: Fuga de 30 escravos de Guadalupe. Grande ousadia". *Ibid.*, p. 447.

17 "Marron ou Cimarron", Bory de Saint-Vincent, et alii (ed.), *Dictionnaire classique d'histoire naturelle*, Paris, Rey et Gravier, 1826, Tomo 10, p. 193.

de homens mantido como um guarda à casa [...], assobiava para seus cachorros, pegava a espingarda, o facão, e saía para esta caça especial".[18] No Brasil, a profissão de caçador de escravos era exercida por uma "verdadeira corporação paramilitar (os 'capitães do mato'), destinados a caçar os fugitivos e destruir os quilombos". Os proprietários também recorriam ao sistema de gratificação, oferecendo recompensas pela captura do fugitivo, morto ou vivo. Nas Antilhas, os caçadores de recompensas "faziam batidas nas florestas e montanhas, cheios de cordas para amarrar os infelizes que conseguiam encontrar. [...] Tinham o hábito de cortar a mão do morto para levar ao governador, que pagava uma remuneração por esse tipo de oferenda".[19] Nos jornais norte-americanos, as recompensas para os "*runaway slaves*" eram acompanhadas de esclarecimentos como o seguinte: "Qualquer pessoa está autorizada a matá-lo e destruí-lo pelos meios que julgar apropriados para esse fim, sem receio de ser penalizada".[20] Os escravos fugidos, passíveis de morte impune, tomavam assim o lugar dos homens-lobos do antigo direito, embora no contexto de outra racionalidade jurídica: eles eram bens, objetos de propriedade; como tais, podiam ser destruídos por ordem de seu legítimo dono.

Um dos procedimentos mais ardilosos do poder escravagista consistia em delegar a caça aos escravos fugidos a antigos companheiros de infortúnio.[21] Como afirmou um deputado francês na Assembleia Nacional em 1792, isso se

---

18 Amédée Villard, *Histoire de l'esclavage ancien et moderne, par A. Tourmagne*, Paris, Guillaumin, 1880, p. 328. Veja também Francisco Estévez, *Le Rancheador: journal d'un chasseur d'esclaves. Cuba, 1837-1842*, Paris, Tallandier, 2008.

19 Bory de Saint-Vincent, *Dictionnaire classique d'histoire naturelle*, *op. cit.*, p. 193.

20 Anúncio publicado no *New York Daily Tribune* em 21 de fevereiro de 1857, *apud* Auguste Carlier, *De l'Esclavage dans ses rapports avec l'union américaine*, Paris, Lévy, 1862, p. 290.

21 No Peru do século XVI, mais da metade dos *cuadrilleros*, "um tipo de força policial rural cujas funções incluíam rastrear e prender escravos fugitivos [...], eram negros e mulatos livres que recebiam um salário". Carmen Bernand, Alessandro Stella, *D'esclaves à soldats: miliciens et soldats d'origine servile, XIIIe-XXIe siècles*, Paris, L'Harmattan, 2006, p. 88.

dava pelo seguinte motivo: "Os homens de cor são muito mais experientes do que os colonos brancos em caçar os negros fugidos nas montanhas; quanto a isso, nada equivale ao medo que eles inspiram nos escravos".[22] Dividir, caçar, aterrorizar – tais eram as máximas de um bom governador colonial. Para implementá-las, era preciso saber reunir os auxiliares adequados do grupo dos dominados. Uma das grandes táticas do poder escravagista consistia em dar lugar, voltando-o contra si mesmo, ao potente desejo de reconhecimento que ainda animava os escravos. Na manipulação desse desejo, os senhores dispunham de uma força "mais poderosa do que qualquer chicote".[23] Assim eram respondidas as aspirações de fugir da servidão, canalizando-as num tipo de promoção interna ao sistema escravagista: vocês não serão mais nossos escravos; serão nossos capangas de caça.

Recorrer a auxiliares poupava igualmente os senhores de realizarem, eles próprios, a caça. Eles a supervisionavam, é claro, participavam à distância, como um senhor que caça com cães e que não precisa se colocar no mesmo nível das presas. O problema é que a caça pressupõe uma forma de empatia com a presa: para caçar de modo eficaz, é preciso colocar-se em seu lugar. Ora, essa operação mental implicava negar a distância social absoluta que a relação de caça visava instaurar entre os senhores e seus escravos. Assim, os senhores passaram a usar negros contra outros negros, com o pressuposto racista de que eles entendiam melhor seus "semelhantes", ao passo que também evitavam se *atracar com os escravos fugitivos*. Afinal, era uma caça, e não um combate de igual para igual. Era preciso, pois, um terceiro elemento para fazer a mediação.

Os cães podiam representar esse papel. No Caribe, criavam-se especialmente "cães devoradores de negros" ou

22 "Discours de Guadet sur les colonies", sessão de 23 de março de 1792, Archives parlementaires de 1787 à 1860, 1893, Vol. 40, p. 409.

23 Orlando Patterson, *Slavery and social death: a comparative study*, *op. cit.*, p. 101.

"cães de sangue" para a caça a escravos fugidos. Depois de os filhotes serem treinados longamente com bonecos pintados de preto, recheados de carne e pingando sangue, aplicava-se o procedimento "no homem vivo, conduzindo esse jovem cão, na companhia de uma matilha bem treinada, à caça aos negros fugitivos".[24] Em meados do século XVI, ainda era possível ler na imprensa estadunidense anúncios como os seguintes: "Cães para negros. – O abaixo-assinado, tendo comprado toda uma matilha de caça com cães farejadores de negros, propõe-se à caça e à prisão de negros em fuga. Suas recompensas são de 3 dólares por dia de caça, e 15 dólares pela captura do fugitivo".[25]

Enquanto na dialética do senhor e do escravo a relação de consciência tinha uma estrutura fundamentalmente dual, na situação de caça, o senhor quase nunca se confronta diretamente com a presa; ele se vale de intermediários, caçadores mercenários ou cães de caça. Trata-se de um esquema de três direções, e não de duas.

Em razão tanto da mediação como do desequilíbrio das forças presentes, o senhor, ao lançar mão da caça ao homem, jamais sofre com o risco de colocar a sua vida em jogo. Ao contrário, tudo é feito para que sua vida nunca

---

24 Eis o desenvolvimento do adestramento: tendo privado o cão de comida, colocavam a carne ao seu alcance, na barriga de um boneco pintado de preto; como o cão estava "acostumado a essa nova forma de refeição [...], bastava balançar o boneco em sua gaiola para o cão saltar sobre ele e destruí-lo [...]. As figuras possuem uma semelhança grande com os negros; movimentam-nas à distância, lhes atribuem todos os movimentos dos humanos; aproximam-nas da gaiola onde está o animal faminto. O animal então pulava nas grades, tentando agarrar sua presa e latindo furiosamente. Finalmente, quando sua fúria e apetite estavam igualmente excitados, ele era solto; corria para cima da vítima, que os instrutores faziam lutar com esforços simulados sob seus dentes impiedosos", Elias Regnault, *Histoire des Antilles et des colonies françaises, espagnoles, anglaises, op. cit.*, p. 102.

25 Anúncio publicado em 6 de novembro de 1845, *apud* Auguste Carlier, *De l'Esclavage dans ses rapports avec l'union américaine, op. cit.*, p. 292. Resistentes, poderosos e rápidos, com um olfato excepcional, esses cães deixavam poucas chances aos fugitivos. O escravo William W. Brown relatou sua captura: "Um dia, quando eu estava na floresta, ouvi latidos e uivos de cães, e eles chegaram tão perto em tão pouco tempo que eu sabia que eram os *blood hounds* [cães de caça] do Major Benjamin O'Fallon. Ele tinha cinco ou seis deles, que mantinha para caçar escravos fugitivos. Assim que me convenci de que eram eles, soube que não havia chance de fuga". William L. Andrews, Henry Louis Gates (eds.), *Slave narratives, op. cit.*, p. 280.

seja ameaçada. Em raros casos, pode acontecer que ele seja morto, mas isso acontece como um acidente, e não como um dado estruturante da relação.

Treinamento de cães de caça a escravos fugitivos em São Domingos.

Marcus Rainsford, "The mode of training blood hounds in St. Domingo, and of exercising them by chasseurs", *An Historical Account of the Black Empire of Hayti*, Londres, Albion Press, 1805, p. 422.

Obtém-se, portanto, outro desvio do esquema da *fenomenologia*: a consciência do senhor não é a de quem soube confrontar a morte; ao contrário, é a de quem tem o poder de colocar a vida dos outros em jogo sem nunca arriscar a sua própria. Se o senhor é reconhecido como consciência autônoma de si, é exatamente pelo fato de que ele *não precisa* se expor à morte. Para ser o senhor, ele não teve que arriscar a sua vida, ele não desprezou tanto a sua vida como a do outro; ele despreza *somente* a do outro. Sua consciência dominante se manifesta neste teatro que coloca em risco apenas a vida alheia: é nos olhos da presa capturada pelos cães que ele se reconhece como senhor, pois pode percebe ali que, para a presa, ele simboliza a morte, ou seja, o senhor absoluto.

Contrariamente à lenda épica dos senhores, seu poder não é decorrente de uma vitória conquistada por um livre confronto de consciências. A genealogia da escravidão moderna não é a do duelo, mas antes a da caça.

Os prazeres da caça ao homem ocupam um lugar especial na história dos afetos dos dominantes. Trata-se de uma experiência que mistura, de forma complexa, a crueldade, o prazer e o sentimento de potência. Pois a caça aos fugitivos assumia o aspecto de um esporte aristocrático: "Sempre, nas colônias, demo-nos o prazer de organizar caçadas aos negros fugidos, com tanto esforço e propaganda quanto se poderia, na Europa, caçar javalis ou qualquer outro animal selvagem. [...] Conheci uma senhora, em uma colônia, que repetidamente proporcionava a si própria esse divertimento, para o qual convidava outras senhoras, suas amigas. Quando o infeliz fugitivo, alcançado pelos cães, ferido e encurralado, implorava a compaixão e a misericórdia das que o perseguiam, elas riam de seus sofrimentos e o insultavam por seu infortúnio: em seguida, cortavam-lhe a cabeça, que era levada à administração, a fim de receberem a recompensa".[26] O antigo escravo William Craft descreve o mesmo tipo de fenômeno na América do Norte: "A caça ao escravo é feita com a maior excitação. Os proprietários de escravos e seus capangas pareciam ter mais prazer com essa caça desumana do que os esportistas ingleses com a caça à raposa ou ao cervo".[27]

Ao prazer *mediato* da guerra – mediato no sentido que implica superar o medo do combate e da morte –, Norbert Elias opunha o prazer *imediato* da caça ao homem.[28] A caça não é definida como uma luta até a morte, mas como uma execução postergada no tempo: "Eram os cachorros que matavam, mas a principal diversão e a essência do exercício estavam, de fato, no puro prazer da perseguição. [...] O que predominava era a tensão do simulacro do próprio combate e o prazer que proporcionava aos participantes humanos. Matar raposas era fácil. Todas as regras da caça eram concebidas para aumentar a dificuldade, para prolongar a competição, para retardar a vitória [...], porque a excitação provocada pela caça havia se tornado a própria fonte de prazer".[29]

Por essa razão, o caçador despreza as presas muito fáceis. Isso se deve a uma dialética do desejo. É a liberdade da consciência oposta que é desejada, a partir de sua negação. Ora, esse prazer negativo será ainda mais intenso quanto mais livre for o objeto. É a razão pela qual "de todas as caças conhecidas, a caça ao homem é certamente a mais apaixonante. Ela tem a superioridade de ser uma luta entre inteligências de mesma natureza".[30]

---

26 Joseph Elzéar Morénas, *Précis historique de la traite des noirs et de l'esclavage colonial*, Paris, Didot, 1828, p. 87.

27 William L. Andrews, Henry Louis Gates, *Slave narratives*, *op. cit.*, p. 696.

28 Norbert Elias, "On Transformations of Aggressiveness", *Theory and Society*, Vol. 5, N.º 2, Mar. 1978, pp. 229-242, p. 234.

29 Norbert Elias, Eric Dunning, *Quest for Excitement: Sport and Leisure in the Civilizing Process*, Oxford, Blackwell, 1986, p. 166.

30 Régis de Trobriand, *Quatre ans de campagnes à l'Armée du Potomac*, Paris, Librairie internationale, 1867, p. 180.

Embora seu valor se baseie nesse reconhecimento, a caça ao homem é paradoxal porque desumaniza aqueles que a praticam, e não apenas as suas presas: "A alguns passos daí, reconheci um jovem soldado, imóvel e deitado de bruços, que parecia ter uma índole gentil e inofensiva. Seu humor, a julgar pela sua aparência física, teria relutado em derramar o sangue de uma ovelha. Mas a caça ao homem o havia transfigurado. A cabeça estava coberta de folhagem, o queixo ao rés do chão, ele tinha chegado até ali se arrastando e, com os olhos obstinadamente fixados em um ponto único do pântano, avistava, como um animal carniceiro, uma presa invisível".[31] Se a presa humana é animalizada, o caçador também o é, naquilo que ele experimenta de afetos animalescos, afetos de predador. Aqueles que experimentaram os prazeres cruéis da caça ao homem se tornaram selvagens. No contexto colonial, esse é um tema crítico, a questão da bestialização ou da animalização dos senhores. Um tema caro a Césaire: "a colonização trabalha para descivilizar o colonizador, para embrutecer, no sentido próprio da palavra, para degradar e despertar instintos ocultos".[32]

Para o escravo fugitivo, a experiência de perseguição produz outros efeitos de consciência. Ao escapar, ele certamente reconquista sua liberdade de movimento, embora se reconheça ainda perseguido. Sua nova vida é uma existência caçada. Isso indica, mesmo com a distância, uma forma específica de sujeição. A presa é *objeto* de uma caça. Para conquistar sua completa libertação, ela precisa reconquistar sua subjetividade a partir da posição de objeto. Mas como realizar essa reversão?

Na *Crítica da razão dialética*, Sartre explica que "o indivíduo que se encontra perseguido no campo prático por um grupo que se organiza para a caça ao homem [...] só pode

---

31 *Ibid.*

32 Aimé Césaire, *Discours sur le colonialisme*, Paris, Présence Africaine, 1989, p. 11. [*Discurso sobre o colonialismo*, trad. de Claudio Willer, São Paulo, Veneta, 2020.]

tentar escapar desse círculo se conseguir reinteriorizar sua objetividade no grupo, ou seja, decifrar seus próprios comportamentos a partir da liberdade comum do adversário: essa ação que vou realizar é justamente aquela que eles esperam do objeto que sou para eles".[33]

Para antecipar as reações de seus perseguidores, o homem caçado deve aprender a ler suas próprias ações conforme o ponto de vista de seu predador. A interiorização do olhar do outro lhe faz desenvolver uma prudência extrema, que, a princípio, ganha a forma de uma preocupação paralisante, de ordem paranoica: ver-se em terceira pessoa, perguntar-se, a cada ato, que uso pode ser feito contra si mesmo.

Num segundo momento, a angústia pode se transformar em raciocínio. De fato, a caça mobiliza um tipo especial de pensamento: uma atitude mental que, como explica Hobbes, a partir do desejo de um objeto, "leva a pensar no próximo meio de alcançá-lo, e, daí, num próximo meio etc. [...], o que os romanos chamavam de sagacidade, e que nós podemos chamar de caça ou perseguição: assim como os cães perseguem os animais pelo faro, os homens os caçam pelos vestígios que deixam".[34] O problema da presa é que ela deixa traços que levam até ela. A fuga, o modo de escapar, torna-se o modo de ser encontrado, uma espécie de círculo trágico. Mas o fugitivo pode antecipar-se ante a sagacidade de seus perseguidores e embaralhar as pistas. A arte da fuga é semiótica, uma arte de dominar os rastros. Em sua fuga, o escravo norte-americano Henry Bibb cruza, bem à sua frente, com um grupo de homens brancos a cavalo. Passam por ele sem nada deixar transparecer, mas o fugitivo interpreta tal indiferença como um truque e desconfia que, na verdade, eles tenham ido buscar cães de caça na fazenda vizinha.

---

33 Jean-Paul Sartre, *Critique de la raison dialectique*, Paris, Gallimard, 1960, p. 515. [*Crítica da razão dialética*, trad. de Guilherme Teixeira, Rio de Janeiro, DP&A, 2002.]

34 Thomas Hobbes, *De la nature humaine*, Paris, Vrin, 1991, p. 45.

Mais tarde voltarão ao local onde se encontraram e soltarão os cachorros na beira da estrada para farejar vestígios: "Eu achava que as chances de escapar seriam maiores se voltasse e pegasse a estrada por onde eles tinham chegado, a fim de enganá-los, pois supunha que eles não poderiam suspeitar que eu pegaria a mesma direção deles com a intenção de fugir".[35] Refazer os mesmos passos e desviar-se para atrair a matilha é o que se costuma chamar, no vocabulário da caça, de *hourvari*: "O cervo, o veado, a lebre etc. fazem um *hourvari* quando, com a intenção de confundir os cães e fazê-los perder a trilha, voltam pelo caminho de onde vieram".[36] A estratégia envolve o que Sartre chamava de "diálogo como antagonismo racional" entre o homem caçado e seus perseguidores, no sentido de que a ação guarda em sua formulação, como projeto estratégico, as prováveis reações contrárias daquilo que ela busca combater.

Com isso, a presa escapa ao simples estado de objetivação que era seu ponto de partida. Ao incorporar ao seu plano de ação a lógica do predador, a presa o envolve e o interioriza. No final dessa primeira dialética da caça, ela adquire as capacidades mentais de um caçador, ainda que não seja mais do que presa. Se, em princípio, a nova estratégia só lhe permitia frustrar as intenções de seus perseguidores, logo torna a presa capaz de algo bem diferente. A arte da fuga eficaz, na medida em que pressupõe o domínio intelectual da lógica cinegética, prepara um retorno à relação de caça. De objeto caçado, a presa pode passar a sujeito, isto é, caçador.

Em 1833, as autoridades da Ilha Bourbon ofereceram, em vão, uma recompensa pela cabeça de um negro fugido chamado Charles Panon. Algumas semanas mais tarde, um agente de polícia que conduzia à prisão um comboio de negros foi atacado na estrada: "É nessa luta que o agente,

---

35 William L. Andrews, Henry Louis Gates, *Slave narratives*, *op. cit.*, p. 533.

36 Jean Baptiste Le Verrier de La Conterie, *L'École de la chasse aux chiens courants ou Vénerie normande*, Paris, Bouchard-Huzard, 1845, p. 463.

tendo sido pego pelos órgãos genitais, foi derrubado e só teve tempo de pedir socorro gritando ao assassino. [...] Charles Panon, cuja audácia cresce a cada dia, parece ter sido o principal autor desse delito".[37] Quem caça homens como se fossem animais ferozes pode esperar suas mordidas.

Além disso, à medida que ganhava intensidade, o *cimarronaje* podia igualmente adotar uma dimensão ainda mais ameaçadora e política. O *cimarronaje* onde os *cimarrones* se agrupavam às vezes passavam a funcionar como as bases de retaguarda de uma guerrilha.

Nas Antilhas, expedições armadas foram lançadas contra grupo de escravos fugitivos refugiados nas florestas, potenciais focos de insurreição que ameaçavam a dominação colonial. De forma significativa, essas operações militares continuavam a se organizar e a pensar em termos de caça. Quando os *cimarrones* de Trelawney se revoltaram em 1796, na Jamaica, a assembleia dos colonos resolveu trazer de Cuba matilhas de cães para a caça aos fugitivos. Antecipando as "calúnias" que certamente seriam formuladas na metrópole uma vez conhecida a notícia, os fazendeiros procuraram justificativas na filosofia moral e na história da guerra, apoiados, como escreve Humboldt, em "todo o luxo de uma erudição filológica".[38] Eles argumentavam que "os asiáticos sempre levaram elefantes para a guerra",[39] e que, se o uso de animais infringia as leis da guerra, era necessário interditar também o uso da cavalaria. De todo modo, estavam em guerra contra um inimigo perigoso, e a segurança dos brancos justificava qualquer coisa. Fortalecidas por esses argumentos, as autoridades trouxeram de Cuba, no dia 15 de dezembro de 1796, uma tropa de "caçadores espanhóis, quase todos de cor, e

---

37 Prosper Ève, *Les Esclaves de Bourbon: la mer et la montagne*, Paris, Karthala, 2003, p. 224.

38 Alexander von Humboldt, *Examen critique de l'histoire et de la géographie du nouveau continent*, Paris, Gide, 1837, Tomo III, p. 374.

39 Bryan Edwards, *Histoire abrégée des nègres-marrons de la Jamaïque*, *apud* British Library, Genebra, British Library Press, 1804, Tomo XXVI, p. 39.

uma matilha de uma centena de cães".[40] Conta-se que, assustados com a novidade, os revoltados se renderam. O recurso dos cães não se explicava apenas pelas exigências táticas de uma guerra de guerrilha travada contra um inimigo inalcançável, cujo rastro precisava ser encontrado a qualquer custo; tratava-se de uma questão de categoria mental. Recorrer a cães farejadores era um poderoso método psíquico para reorientar e reimpor a lacuna ontológica absoluta que a insurreição havia instituído entre os senhores e seus escravos.

Nessa forma de guerrilha dos dominantes contra os dominados, o uso de cães revelava ainda uma negação da situação de combate. Tratar a guerra civil como uma operação de caça ao homem era insistir em negar o acontecimento produzido, era recusar conhecer o fato de que os dominados chegaram a impor uma situação de antagonismo em que se entrevia a possibilidade de uma reviravolta da relação de força, e não mais uma simples perturbação da ordem pública. Nesse tipo de situação, a caça ao homem passa a ser o meio de uma *guerra cinegética*, forma de guerra que apresenta as seguintes características: 1) ela não toma a forma de enfrentamento, mas antes de uma caça; 2) a relação das forças é marcada por uma radical assimetria das armas; 3) sua estrutura não é a de um duelo: um terceiro ator é mobilizado como mediação; 4) não se reconhece o inimigo enquanto inimigo, isto é, enquanto alguém igual; ele não é mais do que uma presa; e 5) faz-se o uso de meios não nobres, que pertencem mais ao policiamento ou à caça do que ao registro clássico militar. Disfarçar uma guerra civil de operação de caça inevitavelmente produz um efeito burlesco, que, em uma veia macabra, torna-se o traço característico de todas as narrativas de guerra cinegética. O *burlesco cinegético* nasce do contraste entre a baixeza dos meios empregados e a grandiosidade do estilo com que são adornados. Sinal dos tempos, os feitos bélicos de seus cães eram os únicos motivos

40 *Ibid.*, p. 49.

heroicos dos quais ainda dispunham os colonos para enfeitar suas narrativas.[41]

Quando da revolta de São Domingos, em 1802, o exército francês recorreu ao mesmo expediente dos colonos da Jamaica, obtendo, porém, um resultado bastante diferente. Com a intenção de reprimir a insurreição dos *cimarrones*, as autoridades compraram em Cuba várias centenas de cães espanhóis, cães *bloodhounds*, "treinados para a caça aos negros e aos índios. [...] M. de Noailles, que tinha trazido os animais ferozes, ganhou a insígnia de chefe; então passou a ser o general dos cães".[42] Em uma carta em que anunciou a chegada de 28 cães buldogues, Rochambeau, general de Napoleão Bonaparte, escreveu para explicar o fato de que nenhuma despesa havia sido prevista na alimentação dos animais: "Vocês precisam dar negros para eles comerem. Cumprimentos afetuosos. Assinado: Rochambeau".[43] As operações começaram, mas os fugitivos ofereceram uma resistência inesperada. Obrigados a encontrar refúgio no Cabo, as tropas francesas se viram apartadas de seu suprimento alimentar: "Os sitiados tiveram como último recurso os cães de guerra que eles tinham alimentado com a carne dos negros. Os caçadores de homens foram obrigados a comer sua matilha".[44]

O próprio caráter da caça ao homem, que a torna perigosa e também um atrativo aristocrático supremo,

---

41 No século XIX, em um contexto diferente, os leitores franceses podiam chegar ao êxtase com as explorações da brigada canina empregada contra os indígenas na Argélia: "Conheci o ilustre Blanchette, o Átila do Kabyle, a expressão mais nobre da bravura canina, um enorme cão branco que andava só com três patas, tendo deixado a quarta em uma luta corpo a corpo com um chefe inimigo". Alphonse Toussenel, *L'Esprit des bêtes: vénerie française et zoologie passionnelle*, Paris, Librairie sociétaire, 1847, p. 169.

42 Charles Expilly, *La Traite, l'émigration et la colonisation au Brésil*, Paris, Lacroix, 1865, p. 212.

43 *Mémoire autographe du général Ramel sur l'expédition de Saint-Domingue*, *apud* Victor Schœlcher, *Vie de Toussaint Louverture*, Paris, Karthala, 1982, p. 373.

44 Elias Regnault, *Histoire des Antilles et des colonies françaises, espagnoles, anglaises*, *op. cit.*, p. 69.

é a possibilidade, sempre presente, de uma inversão da relação: que a presa se torne o predador, que o caçado se torne o caçador. A caça ao homem é marcada por uma instabilidade fundamental: quando a presa se recusa a continuar presa e, parando de fugir, passa a retaliar e a perseguir, a caça se torna um combate ou uma luta. Na relação de caça e de predação entre homens, a presa pode aprender que não é presa por natureza, e – fazendo os senhores provarem do próprio veneno – os dominados são capazes de desenvolver saberes que não constituem privilégios dos senhores, tal como tornar-se caçador ou estrategista.

A inversão de posições é o motivo clássico de todas as narrativas, o recurso de enredo de todos os filmes de caça ao homem: a caça se torna caçador, e o caçador, sua presa. É por isso que a caça ao homem é o "jogo mais perigoso", como indica o título original do filme *Zaroff, o caçador de vidas*, *The most dangerous game*.[45] Os caçadores de homens de ontem e de hoje certamente fariam bem em refletir sobre essa lição comprovada por todas as narrativas, sejam elas antigas ou modernas: o caçador será caçado, sua arma será tomada e usada pelo outro lado, o da sua antiga presa, que talvez esboce um sorriso no momento de desferir o golpe final. Antes de sair de cena em uma última explosão, os antigos caçadores, derrotados, talvez tenham tempo de fazer a derradeira pergunta: "Por que você vai fazer isso?". E a antiga presa poderá responder, à semelhança do personagem de Jean-Claude Van Damme em *Hard Target*[46] [*O alvo*], de John Woo: "É que os pobres também precisam de diversão".

45 O filme foi feito em 1932, na R.K.O., por Irving Pichel e Ernest B. Schoedsack, baseado no romance homônimo de Richard Connell. O título brinca com o duplo sentido de "jogo" em inglês (ao mesmo tempo "jogo" e "presa").

46 [N. E.] Em francês, o título do filme foi traduzido como *Chasse à l'homme*.

Diderot, que viu corretamente nos agrupamentos de fugitivos em zonas libertadas a semente de uma revolução por vir, profetizou a chegada de um herói negro, que finalmente faria triunfar uma revolta de escravos: "Onde está esse novo Espártaco, que não encontrará Crasso? Assim desaparecerá o código negro, e o código branco será sempre terrível, caso o vencedor apoie-se senão no direito à represália!".[47]

Assim se apresentava, ao lado da perspectiva explícita de uma insurreição escrava, o problema da vingança política e da revolução.

No direito à represália, a violência do outro origina a legitimidade da minha violência reativa; mas ela também fornece sua medida, sua regra e, finalmente, sua forma. A vingança é mimética: ela impõe um regime de heteronomia da ação. Por meio de um tipo de artimanha trágica, ao mesmo tempo que se satisfaz, vinga-se da pessoa que se entrega a ela, tornando-a, a despeito de si mesmo, o reflexo daquele contra quem se combate.

É o problema fundamental da dialética do caçador e do caçado enquanto dialética política: como não se prender à simples inversão da relação de predação, mas antes superar a própria caça? O perigo é que, para vencer, a antiga presa acaba se tornando aquele de quem ela pretendia escapar.

Outra vez mais a ficção encenou tal impasse da dialética do caçador e do caçado. O filme *Deadly prey* [*Presa mortal*][48] oferece a mais evidente ilustração dessa circularidade. Em uma cena antológica, a antiga presa arranca o braço de seu perseguidor e o golpeia com o membro arrancado do seu corpo. O caçado acaba triunfando, embora ao preço de sua metamorfose em predador. Na cena final, depois de ter feito seu antigo perseguidor se despir, ele lhe ordena com um grito bestial: "Corre!".

47 Primeiros escritos de uma passagem atribuída a Diderot em Guillaume Raynal, *Histoire philosophique et politique des établissemens & du commerce des Européens dans les deux Indes*, Haia, 1774, Vol. IV, p. 227.

48 Dirigido por David A. Prior (1988).

Run!

Esse tipo de inversão não dialética, em que a mudança ocorre apenas na distribuição de papéis e não na estrutura de suas relações, foi há muito tempo identificada como um risco pelo pensamento político revolucionário. O fato de que as revoluções podiam adotar a forma de grandes caças ao homem, reproduzindo, contra seus adversários e, depois, contra seus próprios aliados, as relações de predação contra as quais se sublevaram anteriormente, foi, sem dúvida, a última revanche do poder cinegético.

Para os teóricos da revolução social, evitar tal perigo implicava extrair radicalmente a questão da violência política de uma lógica de vingança. Bakunin escreveu a respeito disso, fazendo um balanço: "As carnificinas políticas nunca mataram partidos; elas se mostraram impotentes sobretudo contra as classes privilegiadas, cujo poder reside muito menos nos homens do que nas posições dadas aos homens privilegiados pela organização das coisas".[49] A violência política, se bem entendida, não visa aos indivíduos, mas antes às posições que os fazem ser quem são. Não se trata de *inverter* as relações de predação, mas de *aboli-las*.

Assim também se apresentava, objetivamente, o problema da relação com o Estado. Ora, este, desde o início do período moderno, era dotado de um novo aparelho centralizado de perseguição e captura. Um evento em particular, ocorrido no velho continente, permitiu que o braço caçador do Estado se expandisse de modo inédito.

49 Michail Bakunin, "Statuts secrets de l'Alliance: Programme et objet de l'organisation révolutionnaire des Frères internationaux" (outono de 1868), em Daniel Guérin, *Ni Dieu ni maître : anthologie historique du mouvement anarchiste*, Lausanne, La Cité Éditeur, 1969, p. 229.

07

caça aos pobres

Vocês ainda não descobriram o segredo
que força os ricos a fazer com que todos
os pobres trabalhem! Então vocês não
dominam os princípios da polícia?

Voltaire, *As belezas da cidade de Caxemire*[1]

Lançaram uma caça aos pobres.
Eles foram perseguidos, apanhados
de todas as formas pela polícia,
amedrontados pela tortura.

Jules Michelet, *A história da França*[2]

1 Voltaire, *Dialogues et anecdotes philosophiques*, Paris, Garnier frères, 1955, p. 6.

2 Jules Michelet, *L'Histoire de France*, Paris, Hachette, 1860, Vol. XIII, p. 317.

O ato fundador das caçadas policiais, a cena inaugural do poder de captura - que depois se tornará o poder da polícia moderna - foi a grande caçada aos pobres, aos ociosos e aos vagabundos lançada na Europa do século XVII: a princípio na Inglaterra elisabetana, com as *Poor Laws*, depois na França, em 1656, com a criação do Hospital Geral para "trancar e alimentar os pobres". Isto é, o poder real decidira resolver o problema da pobreza com a prisão massiva dos pobres. Porém, para poder interná-los, antes era preciso capturá-los.

Cartazes foram pregados nas ruas de Paris proibindo mendigar na cidade sob pena de chicotada, seguida de prisão para os homens e desterro para as mulheres. Agentes foram enviados às ruas para capturar os indigentes que encontrassem - os arqueiros do hospital eram os encarregados de "caçar os mendigos".[3]

É claro que "caçar" os pobres não era uma prática nova. Em 1572, em Nevers, "o grande número de pobres estrangeiros que se espalharam pela cidade [...] abriu caminho para o medo da peste ou de uma surpresa, e então se decidiu [...] contratar três ou quatro homens para procurá-los e caçá-los".[4] No fim do século XVI, para lidar com o afluxo dos miseráveis, "guardas foram colocados nos portais com a missão de impedir que os pobres, os mendigos e os vagabundos entrassem na cidade, arqueiros foram especialmente designados para andar pelas ruas e deter quem estivesse pedindo esmolas; a essa prática chamou-se de "caça aos mendigos" ou "caça aos vadios".[5]

---

3 Michel Foucault, *História da loucura: na Idade Clássica*, São Paulo, Perspectiva, 2010, p. 65. [N. E.] "Arqueiros": Referência aos guardas nas muralhas da cidade que, no século XVII, caçavam pobres. No imaginário popular, a milícia também figuraria como "arqueiros do hospital", responsável por caçar mendigos e interná-los. Cf. *Ibid.*, pp. 73-75.

4 Charles Antoine Parmentier, *Archives de Nevers ou Inventaire historique des titres de la ville*, Paris, Techner, 1842, Tomo I, p. 144.

5 Christian Paultre, *De la répression de la mendicité et du vagabondage en France sous l'ancien régime*, Paris, L. Larose & L. Tenin, 1906, p. 532.

Os guardas postados na entrada da cidade tinham a missão de identificar vagabundos e indigentes. O rosto, a fisionomia, as vestimentas permitiam que separassem o joio do trigo: "Quando um padre ou um peregrino se apresentava nos portões da cidade, os ditos porteiros poderiam deixá-los entrar, caso não fossem suspeitos de mendicância por suas roupas e fisionomias".[6] Eles selecionavam e excluíam, mas não prendiam.

Os caçadores de mendigos, por sua vez, "caçam na cidade".[7] Eles patrulhavam, localizavam os suspeitos, prendiam-nos e expulsavam-nos.[8] A própria igreja tinha seus caçadores de pobres, era o "caçador de mendigos da catedral", que Furetière definiu como "suíço ou bedel encarregado de expulsar indigentes em mendicância e cachorros das igrejas",[9] e que servia, principalmente, para dispersar aglomerações de mendigos nos dias de missa.

Na Suíça, até uma época tardia, os viajantes podiam esbarrar, pelos caminhos do Cantão de Berna, com "caçadores de pobres [...] armados com uma espada de dimensões desproporcionais, usando um enorme chapéu tricorne e uma volumosa roseta". Porém, diziam que eles "não intimidavam tanto os indigentes, a quem deveriam justamente espantar".[10]

Se essas personagens eram comuns nos primórdios da época moderna, sua função até aquele momento era apenas de dispersar e expulsar. Caçar os pobres significava

---

6 *Ibid.*, p. 267.

7 *Ibid.*, p. 532.

8 Antes de serem expulsos, eles podiam ser empregados em trabalhos públicos que eram tão ingratos quanto adequados à sua condição, devido à "afinidade natural" com a sujeira e a lama: limpeza de esgotos, coleta de lixo, construção de fortificações. Em Paris, o regulamento do Grand Bureau des Pauvres, de 1586, previu que os pobres seriam "usados para limpar a lama e as imundícies da cidade [...], coisas muito necessárias para expulsar todos os vagabundos e pobres incorrigíveis de Paris e dar-lhes a oportunidade de se retirarem da referida cidade", *ibid.*, p. 266.

9 Antoine Furetière, *Les mots obsolètes*, Paris, Zulma, 1998, p. 71.

10 François Naville, *De la charité légale, de ses effets, de ses causes*, Paris, Dufart, 1836, Tomo II, p. 25.

expulsá-los de onde eles se encontravam. Ora, com a nova lógica instituída pelo "grande internamento", o que muda é o próprio sentido de *caça* aos pobres. Os pobres deixaram de ser enviados aos campos e às florestas para serem capturados e trancafiados entre os muros do Hospital. De acordo com Foucault, pela primeira vez "se substituem as medidas de exclusão puramente negativas por uma medida de detenção; o desempregado não é mais escorraçado ou punido; toma-se conta dele, às custas da nação mas também de sua liberdade individual".[11] A função de uma polícia moderna pensada como instrumento de captura e de prisão nasce precisamente desse acontecimento.

No entanto, seria falso considerar que, em uma ordem sucessória, a caça para encarceramento tenha substituído totalmente a caça para expulsão. Na verdade, essas duas formas de exclusão coexistiam, mas divididas de modo diferenciado em função do *status* dos sujeitos. Em Dijon, no século XVII, os caçadores de vadios da cidade recebiam instruções distintas caso estivessem lidando com um mendigo do país ou com um miserável "estrangeiro":[12] "Se encontrassem algum pobre ou mendigo na própria cidade, eles deveriam levá-lo ao hospital, esperando que os senhores Intendentes dos Pobres os castigassem; caso se tratasse de um estrangeiro, deveria ser levado para fora dos portões".[13] Prender os indivíduos locais e expulsar os estrangeiros: tal a distribuição das duas modalidades fundamentais de exclusão. Porém, os mais estrangeiros entre os estrangeiros, os mais indesejáveis entre os indesejáveis, eram os ciganos. Se o Hospital funcionava, em geral, como "o aprendizado e o preâmbulo das galés [...], havia uma classe de homens para quem esse prelúdio não existia e que, de direito, sumariamente, sem

---

11 Michel Foucault, *História da loucura*, *op. cit.*, p. 65.

12 "Estrangeiro" significa aqui fora da província ou da cidade, sem referência nacional.

13 *Mémoires de l'Académie des sciences, arts et belles-lettres de Dijon*, Dijon, Frantin, 1832, p. 56.

nenhuma forma de processo, eram presos e amarrados por correntes. Eram os ciganos, também chamados de egípcios; caçados, perseguidos e capturados como animais selvagens. As mulheres eram raspadas, chicoteadas, marcadas com cicatrizes e expulsas do reino; os homens eram amarrados ao banco de uma galé para o resto da vida".[14] André Zysberg conta como tratavam esses "errantes com fisionomia de galé". Alguns eram julgados pelos oficiais com injustiça e desonestidade notáveis, outros eram presos e acorrentados sem nenhum processo instaurado. Certos intendentes, como Pellot, em Tours, ou Foucault, em Montauban, se dedicavam à caça a mendigos: "Estou em busca", escrevia um deles, "de todos os ciganos e vagabundos do meu departamento... seria o meio de purgar a província de toda essa gente sem Deus e de dar bons condenados para as galés do Rei".[15]

A prática da caça aos pobres continuou no século XVIII: "As mesmas cenas, ainda mais horríveis, após o édito de 1724. [...] Enormes invasões levaram aos hospitais uma multidão de mendigos e vagabundos. [...] Amontoavam-nos como podiam, de qualquer jeito, em velhos hospícios apertados e infectados. 'Que durmam sobre a palha e se alimentem de pão e água; assim vão ocupar menos espaço', tais foram as instruções endereçadas aos intendentes pelo controlador geral Dodun".[16] No final do século das Luzes, a prática foi institucionalizada em toda a Europa: "O número de agentes policiais foi multiplicado na Dinamarca para garantir a prisão dos mendigos. Em Mecklembourg-Schwerin, uma lei com esse propósito deu origem a um grupo de hussardos. Na maioria dos estados

---

14 Jules Loiseleur, *Les crimes et les peines dans l'Antiquité et dans les temps modernes*, Paris, Hachette, 1863, p. 253.

15 André Zysberg, "Les galères de France sous le règne de Louis XIV. Essai de comptabilité globale", em Martine Acerra, José Merino, Jean Meyer, *Les Marines de guerre européennes: XVIIe-XVIIIe siècles*, Paris, Presses de l'Université de Paris-Sorbonne, 1998, pp. 415-444, p. 430.

16 Jules Loiseleur, *Les crimes et les peines dans l'Antiquité et dans les temps modernes*, *op. cit.*, p. 252.

alemães, muitos policiais, a pé e a cavalo, costumavam se encarregar da caça aos mendigos".[17]

Porém a política de caça aos pobres não foi aceita sem resistência. Ela supunha considerar que a mendicância era um delito, mesmo que o mendigo ainda fosse considerado um homem de Deus, segundo a tradição medieval. É o que nos diz Emmanuel Le Roy Ladurie: "Em vão arqueiros, porteiros, caçadores de vadios, oficiais, símbolos da ordem burguesa tentam encarcerá-los. Todos os que participam do antigo sistema de pensamento, que ainda acreditam, como na Idade Média, que a mendicância é uma opção, todos eles - gente simples, criados, crianças, freiras, taberneiros ou prostitutas - os protegem, os arrancam das garras dos caçadores de mendigos, escondem-nos em suas casas para, em seguida, dar-lhes a liberdade".[18]

Apesar dos decretos reais, o povo continuava dando esmolas a "seus" pobres e protegendo-os. Não raro, os caçadores de mendigos, ao tentarem capturar um miserável, eram perseguidos e flagelados pela população. Relatórios oficiais lamentaram "a dificuldade de prender os mendigos, devido à animosidade do povo contra os arqueiros do hospital".[19] Mais preocupante ainda, as tentativas de prender os mendigos resultavam em revolta popular. Em 1659, no dia seguinte à criação do Hospital Geral, contaram-se "oito revoltas armadas, em Paris, contra os arqueiros do hospital". Em Montpellier, onde os "guardas e os caçadores de mendigos não eram populares e costumavam ser muito maltratados pela multidão", o conselho decidiu "entregar casacos aos caçadores de mendigos desta cidade e afixar neles um símbolo de armas no brasão da cidade para impedir que no

---

17 François Naville, *De la charité légale, de ses effets, de ses causes*, *op. cit.*, p. 9.

18 Emmanuel Le Roy Ladurie, *Les Paysans de Languedoc*, Paris, Éditions de l'École des hautes études en sciences sociales, 1966, p. 94.

19 Christian Paultre, *De la répression de la mendicité et du vagabondage en France sous l'ancien régime*, *op. cit.*, p. 195.

futuro recebessem maus-tratos".[20] Proteções inúteis que não impediram os insultos, tampouco os ataques. Corria a lenda de que os caçadores de mendigos, cansados e mal pagos, acabavam entrando em acordo com os pobres em troca de algum pouco dinheiro.

Seja como for, o sistema de captura-prisão esbarrava num limite interno. O problema era simples, e um autor do século XIX o formulou claramente: "Como colocar nas prisões todos os mendigos que prendemos? O número subiu em um único ano a cinquenta mil".[21]

Para erradicar a pobreza, a lógica consistia em prender os pobres. Como era de se prever, nem a caça aos pobres nem a proibição da mendicância fizeram com que a pobreza desaparecesse. Não podiam ser capazes disso, o que pouco importava, pois as funções dessas ações eram outras. Como Michelet definiu, "a corte e os poderosos não gostavam de ver passando aqueles imensos rebanhos de miseráveis, que constituíam uma acusação viva à administração".[22] Tanto naquela época quanto hoje, a pobreza não podia ser erradicada, então era preciso invisibilizá-la. A principal função das caças de aprisionamento era passar da visibilidade acusatória da mendicância errante à invisibilidade tranquila da pobreza encarcerada.

Se o internamento era, em princípio, uma estratégia de invisibilização social da miséria, eram-lhe igualmente atribuídas outras virtudes ao lado de outras utilidades. Uma vez encarcerados, podia-se finalmente colocar os pobres para trabalhar. Tendo-os colocado entre quatro muros, era possível fazer com que perdessem o gosto por sua "vida de ociosidade", se necessário com coronhadas e pauladas, quando não pior.

---

20 *Ibid.*, p. 266.

21 Alban Villeneuve-Bargemon, *Économie politique chrétienne, ou Recherche sur la nature et les causes du paupérisme*, Bruxelas, Meline, Cans et cie., 1837, p. 371.

22 Jules Michelet, *L'histoire de France*, Paris, Librarie International, 1877, Vol. XV, p. 305.

Na Inglaterra, as *Poor Laws* fizeram da caridade um dever legal, impondo, como contrapartida, o trabalho forçado, sob pena dos castigos mais terríveis. Dentro dessa lógica punitiva, "fizeram os mendigos rebeldes expiar sua ociosidade pela prisão".[23] Amparar e punir: a caridade do Estado surge com base nessa ambiguidade fundamental.

O Estado caridoso é também um Estado caçador; por trás de sua demonstração de bondade coercitiva, pode-se adivinhar uma felicidade duvidosa. Ou romances revelavam, de maneira sutil, essa afinidade secreta que liga a caridade e a caça ao homem:

> - Eu tenho um passatempo para propor.
> - Um passatempo! O que é?
> - Uma caça. [...] A única coisa é que eu nunca mato a presa que estou caçando, às vezes até mesmo ajudo para que fique viva. O que te proponho é uma caça aos pobres.
> Com um movimento espontâneo e mais rápido do que o pensamento, a mão de Camille buscou a do jovem rapaz e a apertou.
> - Oh! - disse ela, com uma voz vibrante e os olhos cheios de lágrimas -, este é um tipo de prazer que não posso recusar.[24]

A alegria abençoada da caridade alivia a má consciência do rico, que encontra seu reconforto na gratidão do pobre socorrido. Mas essa alegria seria tão pura quanto parece? Num romance, um aristocrata confessa: "A única coisa que eu amo neste mundo é a caridade [...] e tenho medo de não ser bom o suficiente... encontro grande prazer

23 Alexandre Monnier, *Histoire de l'assistance publique dans les temps anciens et modernes*, Paris, Guillaumin, 1866, p. 522.

24 Alexandre Dumas, *Parisiens et provinciaux*, Paris, Lévy, 1868, Tomo I, p. 286.

em caçar pobres...".[25] Tal prazer duvidoso não desaparece com o nascimento da assistência, essa forma de caridade legal; ele continuou a animar os novos agentes da bondade pública. Sob a caridade estatal, dissimulava-se a lógica de caça e punição, o que os defensores da caridade religiosa não deixavam de denunciar, pois se viam despojados do cuidado de seus pobres: "Vê-se a força armada perseguindo os indigentes, capturando-os em todos os lugares, levando-os à força para as prisões; organizam-se sessões em que são obrigados a trabalhar, criam um código penal específico para eles, segundo o qual a preguiça e a incompetência são classificadas como delitos e punidos como tais - assim, a preguiça passa a ser um delito, mas apenas para o pobre. O rico pode ser preguiçoso impunemente; a justiça tem dois pesos e duas medidas".[26]

O que de fato estava em jogo no trabalho forçado dos indigentes era a formação física e moral do que seria o futuro proletariado. A imensa operação de caça aos pobres indicava, na realidade, o ato de nascimento do proletariado moderno. Como explica Foucault, "[o] internamento, esse fato maciço cujos indícios são encontrados em toda a Europa do século XVII, é assunto de 'polícia'. Polícia, no sentido preciso que a era clássica atribui a esse termo, isto é, conjunto das medidas que tornam o trabalho ao mesmo tempo possível e necessário para todos aqueles que não poderiam viver sem ele".[27] O poder de polícia emerge como um instrumento de classe, como o principal meio para submeter as pessoas despossuídas ao trabalho, para discipliná-las e obrigá-las a se inserir no que se tornaria o mercado de trabalho assalariado.

---

25 J. H. Rosny, *L'Impérieuse bonté: roman contemporain*, Paris, Plon-Nourrit, 1894, p. 212.

26 "Charité" em Jean Baptiste Glaire, Joseph-Alexis Walsh (eds.), *Encyclopédie catholique*, Tome VI, Paris, Parent-Desbarres, 1843, p. 503.

27 Michel Foucault, *História da loucura*, *op. cit.*, p. 63.

Uma outra ideia ainda estaria por vir. Não se tratava simplesmente de que os pobres, por estarem fora do mundo do trabalho, viviam uma vida de culpa, e sim de que a pobreza constituía, ao mesmo tempo, o berço e o abrigo do crime. No dia 2 de agosto de 1764, o conde Saint Florentin ordenou ao intendente de Paris "que perseguisse os mendigos e os vagabundos, entre os quais se formam ou se protegem os ladrões e até mesmo os assassinos".[28] A partir de formulações desse tipo surgia um novo argumento: se as populações miseráveis devem ser caçadas, isso se dá porque elas são potencialmente criminosas. A lógica era implacável: se a pobreza induz à criminalidade, para erradicar o crime, seria necessário caçar os pobres.

Os pobres passaram então a ser uma categoria perigosa. No século XIX, a polícia parisiense publicava comunicados como estes: "O Sr. Chefe da polícia atribui a mais alta importância a livrar Paris da população de mendigos, cafetões, criminosos de toda espécie, que perturbam permanentemente a segurança e podem representar uma verdadeira ameaça em determinadas situações políticas. Consequentemente, o Sr. Chefe da polícia fez com que ontem e hoje seus agentes realizassem batidas em toda Paris. [...] Ele prendeu um número excepcional de vagabundos. [...] O oficial da paz da brigada de Halles realizou nova operação, na última noite, capturando vinte e cinco vagabundos e indigentes".[29]

O vocabulário médico e escatológico, o tema da insegurança, a evocação do risco político representado por classes perigosas, a prática de operação policial incorporada ao vocabulário da caça ao homem: vê-se, nesse curto texto, praticamente todos os elementos da caça securitária. O jornalista republicano Yves Guyoi, que acusava a completa ausência de legalidade nas prisões sem mandado, comentou, indignado: "Isso se chama Purificação. [...] Operações! Batidas! Termos

28 *Apud* Alphonse Jobez, *La France sous Louis XV*, Paris, Didier et cie., 1873, p. 262.

29 Louis Andrieux, *Souvenirs d'un préfet de police*, Paris, J. Rouff, 1885, Tomo I, p. 65.

correntes para designar a caça aos pobres. Os donos de terras teriam falado da mesma forma para se referir aos negros fugidos".[30]

O fato de que o aspecto extralegal das práticas de captura-prisão tenha se tornado objeto de escândalo testemunha, sobretudo, uma transformação no *status* da atividade policial. Com efeito, por muito tempo, como explica Foucault, "a caça aos vagabundos, a caça aos mendigos, a caça aos ociosos – essa prática da seleção, da exclusão, da prisão policial permaneceu fora do âmbito da prática judiciária, jurídica. [...] No início do século XIX, todas as práticas policiais de seleção social foram reintegradas à prática judiciária, uma vez que, no Estado napoleônico, polícia, justiça e instituições penitenciárias foram articuladas umas sobre as outras".[31]

Nesse novo contexto, a polícia passa a se apresentar como braço da justiça, aparelho de captura do poder penal.

---

30 Yves Guyot, *La Police*, Paris, Charpentier, 1884, p. 275.

31 Michel Foucault, *Dits et écrits: 1954-1988*, Tome II, 1970-1975, Paris, Gallimard, 1994, p. 317. [*Ditos e escritos*, trad. de vários tradutores, Rio de Janeiro, Forense Universitária, 2013.]

08

caçadas policiais

Vamos lá! Você é feio, baixinho, bêbado. Além disso, dizem que você é agente de polícia; ela, ao contrário, tem a beleza da Diana caçadora.

Balzac, *O deputado de Arcis*[1]

A profissão de agente policial me parece ser a forma mais divertida, a expressão máxima da caça: não seria a caça ao homem? Como sou uma caçadora determinada, você pode entender meu interesse pelo assunto. Não conheço prazer maior do que cavalgar pela estepe perseguindo as lebres e as raposas com uma matilha de caça. Mas deve ser muito mais bonito, muito mais apaixonante seguir a pista dos homens, descobri-los, encurralá-los numa rede! Faz-me participar desse prazer diabólico de que gozas.

Sacher-Masoch, *A pescadora de almas*[2]

---

1 Honoré de Balzac, *Scènes de la vie politique – Le député d'Arcis*, Paris, Bourdilliat, 1859, p. 286.

2 Leopold von Sacher-Masoch, *La pêcheuse d'âmes*, Seyssel, Champ Vallon, 1991, p. 259.

Em 1907, foi organizado em Rouen um concurso internacional de cães policiais. A invenção era recente. De início usado na Bélgica e depois na Alemanha, o cão policial foi publicamente apresentado na França nessa ocasião: "Como o comissário central dessa cidade se queixava, a seus colegas alemães e suíços que vieram participar do concurso, do número crescente daqueles vagabundos sem eira nem beira [...], os policiais estrangeiros propuseram uma experiência. Organizaram uma caçada dirigida pelo magistrado francês e levaram cães campeões. Passado um tempo, apavorados e aos gritos, os vagabundos foram expulsos de seus esconderijos, mas os que fugiam foram imediatamente capturados pelos implacáveis cães, e rapidamente formou-se um grande rebanho guardado por esses valentes bichinhos, que cumpriam com empenho suas funções".[3] Eis as primeiras façanhas dos cães policiais no território francês. A introdução dos cães acabou consolidando a personagem do policial como um caçador urbano.

O século XIX havia construído a imagem do policial como um caçador de homens: "O homem", escreveu a *Revue britannique*, "é eminentemente um animal caçador, mas não existe presa que ele persegue com tanto ardor e perseverança quanto o próprio homem, seu semelhante. No momento em que entram para a polícia, esse gosto se manifesta de forma tão evidente em alguns indivíduos que eles serão naturalmente indicados para esse serviço especial".[4] A polícia é a instituição caçadora, o braço caçador do Estado, encarregada de perseguir, capturar e aprisionar.

A própria polícia se descrevia nesses termos. Defensor da polícia científica, estruturada na identificação antropométrica, Alfonse Bertillon comemorava no final do século XIX

3 Paul Villers, "Le Chien, gardien de la société", *Je sais tout*, nº 33, outubro de 1907, pp. 361-368, p. 368.

4 "La Police et les voleurs de Londres", *Revue britannique*, Bruxelas, 1856, Tomo II, pp. 257-276, p. 265.

A batalha entre o crime e a devoção.

"Facínora, esse homem que é um lobo para o homem, e o cão, esse amigo da humanidade, guardião da sociedade, se enfrentaram. Mas podemos ficar tranquilos: o vício humano será punido e a virtude canina triunfará". Paul Villers, "Le Chien, gardien de la société", *Je sais tout*, Nº. 33, 15 de outubro de 1907, pp. 361-9, p. 365.

"um primeiro passo na direção de uma polícia científica em que os conhecimentos técnicos da caça ao homem seriam coordenados. [...] Será que em outros tempos os caçadores não tinham tendência aos conhecimentos em história natural, e, inversamente, os naturalistas não seriam instintivamente um pouco caçadores? Não há dúvida de que os policiais do futuro aplicarão regras da antropologia em sua caça particular".[5] Passaríamos assim da caça empírica à perseguição científica. Se a geografia, "em primeiro lugar, serve para fazer a guerra", a antropologia, antes de mais nada, serve para praticar a caça ao homem.

Esses projetos de racionalização e cientificação das práticas de caça são resultado de um longo processo histórico de centralização estatal das funções de perseguir e de capturar. Diferentemente das caças aos homens-lobos, as caças do Estado policial deixaram de acontecer sob o molde de uma caçada popular. A polícia monopolizou o poder de legítima perseguição. Elas também não mais implicavam a proscrição do fugitivo. Enquanto no antigo modelo a exclusão da lei baseava-se em um procedimento estrutural, a perseguição policial moderna, por outro lado, *supostamente* se mantém no estrito âmbito da lei. A polícia, enquanto poder de perseguição, apresenta-se como instrumento e serva da lei.

O problema é que, longe de nascer como uma segunda aplicação da lei ou como uma instância originalmente subordinada a ela, o poder cinegético herdado pela polícia moderna se desenvolveu amplamente fora do âmbito judiciário, que na verdade passou a justificá-lo. De modo que, se a polícia oficialmente dá razão a si própria através da referência constante ao direito e à lei, ela permanece de fato cega em relação a estes dois âmbitos. Bertillon é muito claro a esse respeito: a polícia não faz uso do direito; portanto, ao formar policiais, não há motivo para lhes impor uma formação

5 Alphonse Bertillon, *Identification anthropométrique: instructions signalétiques*, Paris, Imprimerie administrative, 1893, p. VII.

jurídica entediante. De que modo isso lhes seria útil? "Os conhecimentos jurídicos sempre foram e sempre serão, em primeiro lugar, um atributo da magistratura, que conhece a lei melhor do que ninguém. Porém, quando se passa para a prática, a história é outra! Enquanto a Justiça deve executar apenas o que a lei lhe ordena, todos os meios são válidos para a polícia, desde que ajudem a descobrir a verdade: nos termos de legislação, ela só precisa conhecer os limites que a lei e os costumes lhe impõem."[6] Assim, para a polícia, o direito aparece apenas como um limite externo que se impõe à sua atividade.

É que a polícia, enquanto poder de perseguição, não lida com os sujeitos de direito constituído, mas com corpos em movimento, corpos em fuga que ela precisa capturar, corpos em trânsito que ela precisa interceptar. Por isso essa antinomia, frequentemente encenada na ficção cinematográfica contemporânea, entre as exigências da caçada policial e os princípios da lei. Para ser um caçador eficaz, é preciso perseguir a despeito da lei e até mesmo contra ela. Ora, tal antinomia não foi criada pelos roteiristas. Da lei à polícia, passa-se de uma esfera da soberania a outra, da teologia do Estado – o direito – ao seu materialismo – a polícia –, de sua existência espiritual ao seu braço secular. Ambas tratam dos mesmos objetos, mas sob diferentes olhares: sujeitos sem corpos/corpos sem sujeitos.

A polícia mantém uma relação animalesca com os corpos que persegue, que se manifesta também nos afetos. É preciso ouvir o que dizem os policiais, o modo como eles descrevem o que fazem: "No jargão do BAC (Brigada Anticriminalidade), eles dizem: 'Não somos iguais aos outros, somos caçadores; os outros são soldados'".[7] Segredo bem

---

6 *Ibid.*

7 "Sans casque, ni bouclier: témoignage d'un ex-officier de police". Cf. http://www.regardeavue.com/?p=video&v=sans-casque-ni-bouclier-temoignage-dun-ex-officier-de-police. Acesso em: 7 jul. 2025.

guardado hoje, mas público no século XIX: a polícia não age em respeito à lei – esta não é a sua motivação principal; antes, ela age pelo prazer da caça. Grandes autores fizeram essa confissão. Balzac: "O homem de polícia tem todas as emoções do caçador".[8] Maxime Du Camp: "A profissão é apaixonante, o que é compreensível; pois a caça ao homem, segundo quem a pratica, é o mais emocionante dos prazeres".[9] O segredinho das caçadas policiais é o prazer que seus agentes desfrutam nelas.

Temos então a primeira tensão ou contradição: se a ação policial encontra sua principal justificativa no respeito à lei, o que a motiva, na prática, é algo distinto: o desejo e o prazer da perseguição, contra o que a lei surge como um entrave à sua plena realização.

Mas esse regime caça-captura próprio do poder policial ainda é marcado por duas outras grandes contradições estruturais.

O problema de todo o século XIX é, a rigor, a inquietante proximidade entre a polícia e a delinquência. Para perseguir os criminosos, é preciso não apenas conhecê-los, mas se identificar com eles, se imiscuir em seus meios, adotar seus costumes, sua linguagem, seus hábitos, suas atitudes. Assemelhar-se a eles a ponto de ser confundido com eles. Eis outro grande tema cinematográfico: esse jogo de espelho entre polícia e bandido, essa afinidade secreta entre caçador e caçado, que chegam ao ponto de ter seus rostos trocados.

No século XIX, um personagem específico encarna as relações incestuosas entre o Estado e o crime: Vidocq, o prisioneiro que se tornou delegado. A nota ao leitor no início de suas *Memórias* cria uma relação direta entre as competências necessárias para a perseguição policial e o recrutamento de

---

8 Honoré Balzac, *La Comédie humaine. Études de moeurs. Scènes de la vie politique*, Paris, Furne, Vol. 12, 1846, p. 298.

9 Maxime Du Camp, *Paris, ses organes, ses fonctions et sa vie dans la seconde moitié du XIXe siècle*, Paris, Hachette, 1879, p. 100.

um ex-presidiário para realizar essa tarefa: "Não se pode imaginar o que a caça ao homem exige em termos de tensão de espírito e de faculdades extraordinárias. [...] Essa arte superior, o verdadeiro policial deve possui-la a fundo; além disso, ele deve, como um Proteu moderno, assimilar tudo o que o ignóbil frequentador dos antros e cabarés tem de ágil e de leveza nos movimentos, todos aqueles maravilhosos instintos inspirados no gato e na cobra, [...] a malandragem, a máscara impenetrável do verdadeiro delinquente são indispensáveis ao hábil agente da força pública. [...] Vidocq reunia todas essas qualidades excepcionais [...], ele as concentrava em si no mais alto grau".[10]

Isto é, o problema é que, para caçar os delinquentes, a polícia dependia desses mesmos delinquentes, a começar pelos agentes recrutados: espiões, informantes, delatores e dedos-duros de toda espécie. Eis que surge uma preocupação: "Quando ladrões caçam ladrões, não sabemos se no fim eles não vão acabar se entendendo; se isso acontecer, quem será a caça? [...] [É] inconcebível que a polícia sempre tenha recorrido a esses homens pervertidos; existem no mundo tantos homens honestos!".[11]

Daí surge a esperança política de libertar a polícia das relações conturbadas com o meio delinquente: é preciso opor à caça artesanal uma caça científica, portadora de racionalidade autônoma, livre de vínculos coniventes com o submundo. Tornar os espiões finalmente supérfluos, tal era o *leitmotiv* dos projetos de reforma da atividade policial desde o fim do século XVIII. Os planos de polícia científica de um homem como Bertillon ainda se inscrevem nessa intenção de libertar a atividade policial de sua dependência corrupta diante daqueles que está encarregada de rastrear. Substituir as relações carnais da polícia com a delinquência

---

10 Eugène-François Vidocq, *Mémoires de Vidocq, chef de la police de sûreté jusqu'en 1827*, Paris, Huillery, 1868, p. 5.

11 *Ibid.*, p. 267.

pela objetividade fria do laboratório, substituir o olhar comprometedor do informante pelo papel laminado da fotografia antropométrica. No entanto, se tanto se insiste nessa nova cientificidade, é que, na verdade, sob a utopia do controle racional, outras práticas mais artesanais perduram, no centro das quais está a inteligência humana, isto é, o uso do meio delinquente mobilizado pela própria caça.

O problema não é apenas que a polícia acompanha e instrumentaliza o meio delinquente, mas que sua ação contribui para organizá-lo e estruturá-lo. Muito antes de Foucault, os homens do século XIX constataram uma falha estrutural da prisão e enfatizaram a ironia de uma caça que, na realidade, produz a própria caça a ser perseguida. Como dizia um magistrado da época, a prisão, em vez de ser o espaço da redenção moral do condenado, funciona como um lugar de corrupção dos costumes e de incubação da delinquência: "Todos sabem que nossas prisões, longe de ser uma garantia da ordem social, são feridas devoradoras, abrigos de crimes e de contágio. Todos sabem que o aumento progressivo das reincidências se deve, em grande parte, à prática vigente de agrupar e misturar prisioneiros de todas as idades, de todas as condições, de toda sorte de moralidade. Mistura da mais alta imprudência, convívio perigoso e fecundo em todo tipo de abuso vergonhoso, em que relações nojentas despojam o prisioneiro de qualquer vestígio de honestidade e pudor; em que os mais velhos passam ensinamentos aos mais jovens em conversas ímpias, e os mais celerados servem de modelo aos mais novos. É dentro das prisões que se formam os grandes criminosos e onde os grandes crimes são preparados; é entre os libertos, depois de soltos da prisão, que se alimentam essas terríveis e misteriosas associações, cuja astúcia e habilidade frustram qualquer vigilância da autoridade".[12] O fato de que a prisão funciona como uma vasta fábrica de delinquência,

12 *Discussion du projet de loi sur les prisons à la Chambre des députés*, Au bureau de la revue pénitenciaire, Paris, 1844, p. 632.

sustentando o fenômeno a que ela é destinada a controlar, lança uma sombra sobre o sentido da atividade policial: "Diz-se que os agentes policiais vigiam e prendem os malfeitores em Paris, assim como os caçadores criam coelhos em um campo: pegando-os de vez em quando como teste e soltando-os por quinze ou vinte dias".[13] Ou, ainda, como denunciou um contemporâneo: "O ensino mútuo do vício, da fraude e do roubo, algo organizado apenas pelo fato de haver encarceramento comum, em todas as nossas prisões, [...] produz, a cada ano, de todas as partes da França, para os vastos campos dos libertos de Paris, mais animais maliciosos e perigosos do que os cães caçadores policiais são capazes de rastrear".[14] É a segunda grande contradição do regime caça-aprisionamento: o círculo vicioso da produção carcerária da delinquência. Assim como a prisão dos pobres não faz a pobreza desaparecer, a prisão dos delinquentes não erradica a delinquência - pior do que isso, a intensifica.

Uma vez presos, os prisioneiros têm uma única ideia fixa - fugir: "O intrépido André Fanfan, fazendo uso de vários pregos e das unhas, após trabalhar por seis meses durante a noite, conseguiu abrir, debaixo de um banco, uma passagem subterrânea de 6 metros que dava para o porto. [...] Os condenados hábeis possuem praticamente tudo o que consideram necessário para uso particular do que eles chamam de 'o básico do condenado': caixa de ferro, na forma de um estojo o mais discreto possível, e que guarda principalmente uma serrinha chamada de *bastringue* feita com a mola de um relógio, um cinzel frio, um canivete, bigodes e costeletas postiços, uma peruca, um espelho etc. Eles costumam guardar esse indispensável e maravilhoso arsenal nos cantos mais difíceis de serem descobertos".[15]

---

13 *La Presse*, 26 de agosto de 1836, *apud* Louis Moreau-Christophe, *Défense du projet de loi sur les prisons*, Au bureau de la revue pénitenciaire, Paris, 1844, p. 40.

14 *Ibid.*

15 Almire Lepelletier de la Sarthe, *Système pénitentiaire complet*, Paris, Guillaumin, 1857, p. 472.

Quando a fuga é bem-sucedida, tem início um outro tipo de caça: "Tão logo uma fuga é sinalizada na prisão, três tiros de canhão a anunciam publicamente. No mesmo instante, os moradores da cidade e os campesinos começam a se movimentar para prender o condenado fugitivo. [...] Faz-se então o que os locais chamam de caça ao presidiário [...][:] espalham por todo lado cartazes com descrições do fugitivo, enviam esses anúncios aos generais das brigadas etc. A prisão do condenado é oferecida a vinte e cinco francos no porto, cinquenta francos na cidade, cem francos no campo".[16]

O primeiro desafio apresentado à polícia como poder cinegético é o fugitivo. Por sua capacidade de escapar do rastreamento, ele representa um perigo político: desvela aos olhos de todos a relativa impotência do Estado. É isso o que se produzia no final do século XIX, quando as bombas anarquistas explodiam aos montes, e os suspeitos continuavam livres: "Zombava-se da incapacidade dos policiais, e toda uma paixão foi animada por essa caça ao homem", escreve Zola em *Paris*.[17]

No contexto do poder de segurança, fundado com base na capacidade do Estado de capturar indivíduos perigosos, a fuga insolente de bandidos ou de terroristas equivale tanto a uma afronta quanto a uma crise política.

O Estado, por vezes, se vê obrigado a reativar modelos antigos. Em 1878, desafiado pelo "*bushranger*" Ned Kelly, bandido trágico que frequentava desertos australianos vestido com uma armadura improvisada e realizando emboscadas aos policiais que o perseguiam, o governo australiano promulgou uma lei – o *Felons Apprehension Act* [Lei de Apreensão de Criminosos] – autorizando qualquer pessoa a atirar nos fugitivos quando os avistasse.[18] Tratava-se de um

---

16 *Ibid.*, p. 473.

17 Émile Zola, *Les trois villes*, Paris, Gallimard, 2002, p. 245.

18 Cf. John McQuilton, *The Kelly outbreak, 1878-1880: the geographical dimension of social banditry*, Carlton, Melbourne University Press, 1979. Agradeço a Aude Fauvel por essa maravilhosa história australiana.

regresso – sempre possível para o Estado policial – ao velho esquema de caça aos homens-lobos.

Esse tipo de expediente oferece risco na medida em que representa um sinal de fraqueza do poder soberano: o Estado admite publicamente que, se contar apenas com suas próprias forças, é incapaz de capturar o fugitivo. Porém, o apelo do Estado à mobilização popular pode, inversamente, provocar solidariedade contra os inimigos internos. A caça aos novos banidos passa então a ser uma tática de fortalecimento do poder policial, mediante um esquema de união nacional contra um perigo comum.

A categoria que se apresenta é a do inimigo público número 1. Tal categoria tem origens antigas. Antes de se tornar uma categoria do direito da guerra, em que se distinguia o inimigo público (*hostis*) do inimigo privado (*inimicus*), ela se aplicava, no contexto romano, aos sediciosos e aos criminosos da lesa-majestade, a todos os que ameaçavam o poder soberano do corpo do príncipe:[19] "Bastava a declaração de inimigo público para que todo procedimento fosse frustrado; qualquer pessoa no Império tinha o direito de conceder a morte àquele que acabava de ser identificado como tal pelo Senado".[20] Por ser o inimigo do soberano, todos deviam ser seu inimigo.

A noção voltou à tona – com alguma modificação – nas teorias do contrato social, em que ela se definia menos em relação ao soberano do que em relação à sociedade e sua lei. Isso não impedia que o cidadão, tornado "rebelde por seus crimes e traidor da pátria",[21] devesse ser executado na qualidade de inimigo comum.

---

19 Por exemplo, era considerada inimiga pública a pessoa que recusasse as honras devidas a César ou que planejasse atentar contra a vida dele. Originalmente, "inimigos públicos só podem ser inimigos internos, oponentes que representam ou representaram uma ameaça ao poder imperial", Anne Daguet-Gagey, "C. Fuluius Plautianus, hostis publicus, Rome 205-208 AD", em Marie-Henriette Quet, *La "crise" de l'Empire romain de Marc Aurèle à Constantin*, Paris, PUPS, 2006, pp. 65-94, p. 77.

20 *Ibid.*, p. 81.

21 Jean-Jacques Rousseau, *Du contrat social*, Livre II, cap. 5, Paris, Garnier, 1975, p. 257.

A figura moderna do inimigo público número 1 conserva uma carga política. Entretanto, esta não mais se define em relação à pessoa do soberano ou em relação ao contrato social. O fato de os inimigos públicos do século XIX - Dillinger ou Mesrine - terem se tornado figuras políticas é coerente com o tipo de poder de Estado que enfrentavam, diante do qual eles surgiram imediatamente como a contestação em ato pela simples ação de escapar, a despeito do teor - limitado ou francamente reacionário - de sua consciência política. Ao colocar abertamente em xeque seu poder de perseguição, eles estão cometendo, perante o Estado de segurança, o equivalente a um crime de lesa-majestade. Tem-se, pois, a mutação da figura do inimigo público: daquele que atenta contra o soberano àquele que desafia o poder de perseguição do Estado policial. Ora, provocar o Estado caçador, expor sua incapacidade de garantir a segurança, justamente quando a segurança se tornou sua principal legitimação, é algo passível de ser punido com a morte. Por essa razão, inimigos públicos foram abatidos na rua mesmo quando poderiam ter sido capturados.

Existe um vínculo profundamente ambíguo entre o Estado de segurança e o inimigo público número 1. A fuga de Dillinger, ao mesmo tempo que evidenciou a todos a fraqueza da polícia americana, também possibilitou o fortalecimento de seu poder, com a criação de um aparelho de busca federal, o FBI. Na imprensa dos anos 1930, em que a perseguição de Dillinger por Melvin Purvis foi descrita como a "maior caça ao homem na história contemporânea do crime",[22] o abate aos fugitivos era aplaudido: "A caça é aberta, e muitos cães humanos raivosos serão sumariamente abatidos".[23]

22 Elliott J. Gorn, *Dillinger's Wild Ride: The Year That Made America's Public Enemy Number One*, Nova York, Oxford University Press, 2009, p. 153.

23 Claire Bond Potter, *War on crime: bandits, G-men, and the politics of mass culture*, New Brunswick, Rutgers University Press, 1998, p. 139.

Além do bandido, a outra grande figura do inimigo interno foi, na Europa do século XIX, o espectro de uma revolta operária. Nas fases de repressão, o exército substitui a polícia, e a repressão ganha a forma de uma guerra cinegética empregada anteriormente nas colônias. Quando os pobres se revoltam, eles são caçados como se costumava fazer com os indígenas.[24]

Ao longo do século XIX, frequentemente, depois de cada grande insurreição popular, os lobos entravam na cidade. Em Rouen, em 1848, quando as últimas barricadas foram derrubadas a tiros de canhão, e os insurgentes recuavam para a planície, "viam-se homens com cartucheiras e espingarda de dois canos entregarem-se ao prazer da caça aos operários".[25] Os exemplos são numerosos, mas, pelo paroxismo, é a Semana Sangrenta que melhor ilustra como são realizadas as caças ao homem nas guerras de contrainsurgência.

Nos estudos de *Passagens*, Walter Benjamin se lembrou de um artigo de *L'Illustration* sobre a caça aos comunas durante a Semana Sangrenta. Eis o trecho: "A luta nas ruas da cidade chegou ao fim. Os insurgentes foram caçados

---

24 Seria por acaso que, na França do século XIX, os generais que reprimiram as revoltas dos trabalhadores tenham todos sido formados nos exércitos que atuaram na África? Galliffet, o carrasco da Comuna, e Cavaignac, que esmagou de forma sangrenta a revolta dos trabalhadores de Bugeaud, tinham lutado na Argélia. Bugeaud, cujo nome ainda está associado ao massacre na Rue Transnonain, ainda ativo em Paris em 1848, foi um dos generais que coordenou a política africana dos *enfumades* (técnica de asfixia em massa). Em Pélissier, em 11 de junho de 1845, ele escreveu: "Se esses patifes se retirarem para suas cavernas, faça como Cavaignac com os Sbeahs; fumem-nos sem piedade, como raposas", Charles Tailliart, *L'Algérie dans la littérature française*, Paris, E. Champion, 1925, p. 232. A ligação entre as guerras coloniais e a ferocidade da repressão doméstica foi estabelecida pelo anarquista Émile Pouget com base na solidariedade política; mais tarde, ele denunciou os abusos franceses em Tonquim: "Quem são vocês, de onde vêm, seus imundos companheiros, vocês não nasceram ontem? Eu os vi há dezoito anos, e seus rostos não mudaram: vocês continuam sendo Versalhes! A ferocidade dos tigres que vocês usavam para martirizar os Communeux, agora estão usando para criar confusão com os tonquineses". Émile Pouget, "Barbarie française", *Le Père peinard*, n° 45, 12 de janeiro de 1890.

25 Louis Ménard, *Prologue d'une révolution: février-juin 1848*, Paris, La Fabrique, 2007, p. 154. Gallois relembra a ocasião da criptia: "A excitação, a fúria se apodera desses homens odiosos, e entre eles se veem amadores carregando carabinas e espingarda de cano duplo, dando a si mesmos o prazer da caça aos hilotas". Léonard Gallois, *Histoire de la révolution de 1848*, Naud, Paris, 1851, Tomo II, p. 19.

em todos os lugares. Aqueles que não foram mortos em combate, presos ou fuzilados procuraram salvação na fuga. Uns foram se refugiar nos esgotos, outros, nas pedras de gesso das Carrières d'Amérique, outros, finalmente, em maior número, nas Catacumbas. [...] A caça ao homem nas Catacumbas teve início nos primeiros dias do mês. Algumas tropas tinham acesso pelo Portal do Inferno, enquanto outras invadiam o local pela entrada voltada para a planície de Montsouris. Em seguida, armados com tochas, os soldados desceram com cautela para o imenso ossuário. Foi ali que aconteceu o que não é difícil de imaginar".[26]

26 Walter Benjamin, *Das Passagen-Werk*, Frankfurt am Main, Suhrkamp, 1982, p. 951.

A caça aos homens nas Catacumbas.

"La chasse à l'homme dans les catacombes", *L'Illustration*, N.º 1477, 17 de junho de 1871.

09

a matilha[1] de caça e o linchamento

1 [N.E.] Em francês, *meute*. Frequentemente traduzido para o português como "malta", tanto nas obras de Deleuze e Guattari, como nas de Canetti. Cf. Elias Canetti, *Massa e poder*, trad. de Rodolfo Krestan, São Paulo, Melhoramentos, 1983; Gilles Deleuze e Félix Guattari, *Mil platôs: capitalismo e esquizofrania*, Vol. 5, trad. de Peter Pál Pelbart e Janice Caiafa, São Paulo, Editora 34, 1997.

Matilha. Antigamente: levante, sedição, empreitada militar (= motim). Derivação: expedição de caça e, por fim, tropa de cães de caça [...], originado de *movere*, pôr em movimento. O significado original de movimento foi preservado nos termos motins [...] e amotinar, colocar em motim, excitar.
Do francês vêm as palavras alemãs *Meute*, matilha, *Meuter*, sedicioso, *Meuterei*, amotinação.

Dicionário de etimologia francesa[2]

– A matilha de caça, em nosso mundo moderno, tornou-se a massa da guerra ao homem. Nós conhecemos esses casos de linchamento em que as pessoas de repente se atiram para cima de um homem...
(– Adorno: a matilha dos pogroms!)
Isso naturalmente remete a esse caso primitivo da matilha de caça.

Diálogo entre Elias Canetti
e Theodor W. Adorno[3]

---

2 Auguste Scheler, *Dictionnaire d'étymologie française*, Bruxelas, Schnée, 1862, p. 221.

3 Theodor W. Adorno, "Diálogo sobre as massas, o medo e a morte: uma conversa entre Elias Canetti e Theodor W. Adorno", *Novos Estudos CEBRAP*, N.º 21, 1988, p. 116-132.

Até aqui, tratei principalmente de caças a homens que foram conduzidas por iniciativas de poderes identificáveis e organizados: governo de senhores, poder pastoral, soberania monárquica, potências coloniais, poder escravagista, aparelho de Estado. No entanto, a história do poder cinegético não se reduz a esses casos. Há situações em que, independentemente do impulso do poder central, a despeito dele e, às vezes, até mesmo contra ele, de modo mais ou menos espontâneo, a matilha se reúne para a caçar.

Para que exista uma matilha, antes é preciso existir um motim. A matilha é um ser coletivo, sua força está no número. Quando alcançada, a presa sucumbirá a uma infinidade de golpes ou de mordidas: todos a matam, mas ninguém é o assassino. A matilha desindividualiza seus membros. Sua unidade, entretanto, é temporária. Com o fim da caça, a matilha se dispersa.

Deleuze via na matilha uma multiplicidade de tipo disforme, não organizada, não hierárquica, movediça e fluida: "Na matilha, cada um se guia em relação ao seu companheiro, e, ao mesmo tempo, as posições variam continuamente. [...] É isso que faz com que a matilha esteja dispersa em relação a algo, e que seus membros estejam sempre nos contornos [...], pertenço à matilha por um pé, por uma mão, por uma pata, pelo ânus, pelo olho. Esta é a posição de matilha".[4] Estranhamente, as matilhas deleuzianas aparecem como matilhas sem presas. O que ele diz da matilha sobre multiplicidade também se pode atribuir ao enxame ou ao cardume, ou seja, a agrupamentos de animais que não pressupõem a caça. Por outro lado, a matilha, entendida como um "grupo de animais que caçam juntos", possui unidade própria, que não se define simplesmente pela posição relativa de cada um de seus membros entre si, mas sim pela posição de todos diante da presa que estão perseguindo.

4 Gilles Deleuze, *Cours à Vincennes*, 12/02/1973.

A matilha de caça é tensionada pela unidade de ação. É um coletivo de ataque, em movimento rápido em direção a um objetivo que focaliza toda sua atenção: a presa. É o que explica Canetti: "Eu emprego o termo 'matilha' para os homens emprestando-o dos animais, pois é ele que melhor caracteriza o aspecto coletivo do movimento rápido e do objetivo concreto e direto em questão. A matilha quer uma presa; ela quer seu sangue e sua morte".[5] A matilha age em nome do assassinato.

Em francês, o termo *meute* (matilha), antes de significar "um grupo de cachorros que perseguem os animais das florestas", era aplicado a homens para identificar uma sublevação, uma sedição, uma insurreição. O termo *meute* (matilha) vem de *émeute* (motim). Etimologia surpreendente na qual *meute* é primeiro humana e política, e, mais tarde, animal e cinegética. Na ordem da formação das palavras, os cães são comparados aos amotinados, e não o inverso. Como pontua ainda Canetti, "[o] velho termo francês *meute*[...] tem um duplo sentido: pode significar sublevação, insurreição ou mesmo caça".[6] O estranho cruzamento conceitual acaba colocando tanto a *meute* (matilha) na política quanto a política de amotinação na caça. Mas qual a relação entre elas? De que tipo de potência sediciosa a matilha de caça é portadora?

Claude Neal foi linchado no dia 26 de outubro de 1934, em Marianna, na Flórida. Preso como *suspeito* pela morte de uma garota branca de dezenove anos, Lola Cannidy, o fazendeiro negro foi interceptado pela multidão, arrancado das mãos da polícia e capturado. O que aconteceu na sequência foi reconstituído por um investigador: "Depois de terem levado o negro aos bosques da redondeza, a cerca de 6 km de Greenwood, eles cortaram seu pênis. Obrigaram-no a comer.

5 Elias Canetti, *Masse et puissance*, Paris, Gallimard, 1986, p. 101.

6 *Ibid.*

Em seguida, cortaram os testículos. Obrigaram-no a comer e a dizer que adorava. [...] Em seguida, abriram seus flancos e estômago a facadas, e, de vez em quando, cortavam um dedo da mão ou do pé".[7] Depois ele foi queimado com ferro em brasa, arrastado por um carro, apunhalado pela mãe da vítima e pendurado nos arredores do tribunal da cidade.

Um jornal, o *Panama Pilot*, justificou o linchamento: "Vingar a feminilidade ultrajada [...], essa foi a verdadeira razão pela qual centenas de homens deixaram seu trabalho e se juntaram na caça com um único objetivo em vista: caçar o criminoso, encontrá-lo [...] e torturá-lo sem piedade, como ele provavelmente fez com a moça".[8]

A incipiente ciência social do século XIX se interessou pelos fenômenos de violência coletiva. Um dos principais temas dos estudos da "psicologia das multidões" ou da "sociologia das multidões criminais" – além dos conceitos de contágio ou imitação mobilizados para explicar a formação dos sujeitos coletivos de determinado tipo – foi a ideia de que, nos fenômenos contemporâneos, o que estava em jogo era o ressurgimento atávico de forças primitivas ou de instintos arcaicos. A teoria da multidão caçadora desenvolvida por Gustave Le Bon ilustra perfeitamente esse tipo de abordagem: "Os instintos de ferocidade destruidora são resíduos das idades primitivas que estão adormecidos no fundo de cada um de nós. Para o indivíduo isolado seria perigoso satisfazê-los, mas sua infiltração em uma multidão irresponsável lhe dá toda a liberdade para segui-los. [...] A paixão pela caça e a ferocidade das multidões têm a mesma origem. A multidão que despedaça uma vítima indefesa demonstra uma crueldade

7 Howard Kester, "The lynching of Claude Neal", *apud* McKay Jenkins, *The South in black and white: race, sex, and literature in the 1940s*, Chapel Hill, University of North Carolina Press, 1999, p. 49.

8 *Ibid.*, p. 50.

extremamente covarde, que é bastante similar, segundo o filósofo, à de caçadores".[9]

Com essas considerações, a questão das caças ao homem enquanto forma de mobilização coletiva foi constantemente pensada em termos do ressurgimento enigmático ou da recaída misteriosa em uma barbárie primitiva. O mistério, então, se apresenta da seguinte maneira: como pode a violência arcaica voltar ao âmago da civilização? O problema é que, ao apresentar a questão desse modo, nos impedimos de lhe dar uma solução. Assim, nos deparamos com um anacronismo incompreensível ao considerar que, dentro uma filosofia linear do progresso, a "civilização" (o presente) exclui a barbárie (o passado). Ao apresentar a barbárie como exterior à civilização, seguindo um evolucionismo cronológico, deixamos de apreender o que a barbárie pode ter de contemporâneo, o modo como ela pode continuar habitando a "civilização", até mesmo como condição oculta.

Em um de seus últimos discursos dedicado à questão do linchamento, Frederick Douglass respondia àqueles que, ao ler o relato insuportável das violências, se perguntavam de boa-fé: como homens normais, civilizados, são capazes de cometer atrocidades? Depois de enfatizar a ideia implícita que expressa essa pergunta (a saber: se atrocidades punitivas são cometidas, é porque as vítimas certamente têm alguma culpa, pois nenhuma comunidade humana civilizada infligiria tais punições, de forma tão unânime, a perfeitos inocentes), ele responde que as pessoas normais dos estados do Sul não são normais na normalidade habitual das pessoas comuns: esses homens e essas mulheres foram formados em instituições escravagistas, estão há séculos acostumados ao exercício absoluto de um poder sem lei, foram desde a mais tenra idade educados a desprezar a vida dos negros e garantir a supremacia de sua raça: "Ninguém pode raciocinar corretamente sobre essa questão partindo da suposição

---

9 Gustave Le Bon, *Psychologie des foules*, Paris, PUF, 1947, p. 39.

que os linchadores são homens comuns. Neste caso, não se trata de homens em uma condição natural, mas de homens cujas ideias, hábitos e costumes são inteiramente distintos daqueles dos homens comuns. [...] as regras de justiça e de benevolência da natureza humana não se aplicam aos monocratas ou àqueles que foram educados segundo os hábitos e costumes de uma comunidade escravocrata. Tais hábitos, eu os conheço muito bem, tanto na teoria quanto na prática. [...] É preciso ter em mente que essas pessoas não têm e nunca tiveram o respeito pela vida humana que é comum aos outros homens. Eles têm, há séculos, uma instituição especial, e essa instituição especial os marcou como pessoas especiais".[10] O que chama atenção aqui é o *continuum* da violência nas sociedades racistas. A erupção violenta do linchamento não é um relâmpago em um céu sereno: é o cume de uma normalidade formada pelo desprezo constante e multiforme com a vida dos dominados. Está ligada a todo um tecido de violências, a toda uma paisagem mental, bem como a uma série imemorial de ataques, de humilhações e de assassinatos. A questão aqui não é compreender como a normalidade faria repentinamente exceção a si mesma, ou como os civilizados se entregariam à barbárie. É preciso se perguntar sobretudo o que, no tecido histórico e social dessa normalidade, autoriza, por um conjunto de fios que de repente podem se unir em um acontecimento, o linchamento. As feministas teorizaram o *continuum* das violências sexistas. A tese também se aplica para as violências racistas.

No linchamento, as caçadas humanas se apresentam como agentes de uma vingança popular, uma forma de "justiça" imanente que é exercida com desprezo pela instituição judiciária, em um regime de ação completamente alheio ao direito

---

10 Frederick Douglass, "The lesson of the hour" (1894), em David B. Chesebrough, *Frederick Douglass: Oratory from Slavery*, Westport, Greenwood Press, 1998, pp. 134-143, p. 141.

ou à lei. É um castigo sem investigação, uma execução sem código, sem instrução nem formas jurídicas, uma punição selvagem, sem qualquer consideração pela culpa efetiva ou pela prova. Se as matilhas de caça possuem um poder insurrecional, é porque seu movimento de agressão e de violência cria um curto-circuito com a violência institucional das autoridades e do Estado. Trata-se de uma rebelião contra a ordem da lei, contra as formas institucionais de penalidade.

Ataca-se a prisão, invade-se o tribunal para capturar a presa. Se por acaso se despreza a autoridade do Estado, isso acontece também com a conivência do Estado: as autoridades, de fato, intervêm muito raramente para impedir o linchamento anunciado, e é ainda mais raro que os linchadores sejam punidos por seus atos. Se a prática é tolerada, é porque é amplamente impune. O sinal mais seguro de um regime de caças racistas é que os autores das violências nunca são perturbados – a impunidade equivale à licença para matar.

Ao se reapropriar, contra a lei, das prerrogativas policiais e penais, o grupo de linchadores se reafirma como o poder real e originário sob o poder legal, a fonte fundamental e sempre renovável do poder constituinte. Sob o poder formal das instituições e da lei, existe um povo do qual tudo deriva: a casta dos homens brancos, essência do Estado.

Para que tal demonstração de força se manifeste, é preciso um crime excepcional, uma transgressão que, por seu caráter odioso, exija como reação uma saída imediata da ordem comum da justiça. A acusação típica que permitiria isso seria o estupro de uma mulher branca: "Uma vez lançada tal acusação, pouco importa quem cometeu ou de que forma aconteceu, se ela é fundada ou infundada, verdadeira ou falsa; a acusação submete a pessoa acusada a uma morte imediata".[11] Frederick Douglass mostrava ainda como essa acusação, a princípio inexistente, veio substituir tardiamente as acusações de sedução que outrora justificavam

11 *Ibid.*, p. 134.

o linchamento dos negros. Paralelamente, na mentalidade racista, o negro se tornava a figura típica do agressor sexual.[12] Convertido em atributo exclusivo dos homens negros, o ultraje das mulheres justificava, por sua vez, o desencadeamento da violência racista dos homens brancos. Ao recorrer ao emblema da mulher branca a ser defendida e vingada, os homens da casta branca podiam assim se apresentar "como protetores da civilização, reafirmando não apenas seu papel social e familiar de 'chefes', mas também seus direitos paternos de propriedade".[13]

Arqueologicamente falando, o *pater familias* tem direito exclusivo de vida e de morte sobre os membros de sua família. Ora, quando esse poder é desafiado com uma agressão, ele deve reafirmá-lo. É isso o que explica a recusa em deixar o caso para o Estado. Tal poder, os pais de família devem provar que ainda o possuem. Isso passa pelo castigo público do suspeito. Além de uma simples lógica de talião, as práticas de emasculação que acompanhavam os linchamentos[14] serviam para reafirmar, da forma mais literal, que os homens brancos, e apenas eles, possuem o falo. O linchamento permitia a restauração do poder dos pais e, por intermédio da matilha de caça, a reterritorização da comunidade política em torno da família patriarcal.

Um linchador do estado norte-americano da Geórgia explicou: "Sei muito bem que o pessoal do norte acha que somos duros com os negros, mas é que eles não sabem o que pode passar com a gente se os negros saírem do controle, e é isso que vai acontecer se não mostramos quem manda. [...] Neste país há muitos que são bons, mas os bons são os

12 No mesmo momento em que as reivindicações feministas ganhavam terreno, essa ideologia, que fazia da violência masculina o apanágio dos homens racializados, também forneceu um instrumento poderoso para colocar as lutas das mulheres brancas e das mulheres negras umas contra as outras no acesso aos direitos civis.

13 Robyn Wiegman "The Anatomies of Lynching", *Journal of the History of Sexuality*, 3 -3, janeiro de 1993, pp. 445-467, p. 461.

14 Cf. Richard Maxwell Brown, *Strain of violence: historical studies of American violence and vigilantism*, Nova York, Oxford University Press, 1975, p. 151.

que sabem ficar no seu lugar sem criar confusão. O negro que estuprou essa mulher branca faz parte dos malvados. Tudo bem, todo mundo sabe que a menina era uma puta, e, até onde sei, foi ela que procurou, mas isso não muda nada; ela era uma menina branca, ele era um homem negro, e não dá pra deixar passar. Por isso que estamos aqui, para tentar pegá-lo na floresta [...]. Tenho negros que trabalham para mim, e com eles está tudo bem, porque eles sabem ficar em seus lugares. Se a gente pegar aquele negro antes do xerife, está tudo resolvido antes do pôr do sol e todo mundo vai dormir tranquilo".[15]

Percebe-se que, para ele, o problema não era tanto o estupro - notamos os lugares-comuns sexistas em outros casos similares -, e sim o fato de o suposto estuprador ser negro e a mulher, branca. A acusação de estupro só convoca ao linchamento se - e apenas se - a fronteira de cor for transgredida em um sentido que vai do negro para a branca. Pois agredir uma branca quando se é negro - ou ser suspeito de fazê-lo, não importa - é o sinal de que não se sabe "se manter em seu lugar". Ora, o enunciado segundo o qual "o negro deve se manter em seu lugar" tem seu corolário implícito: a condição para que os brancos mantenham o seu lugar (a saber, a de casta racial dominante) é que os negros permaneçam no seu.

Basta que se acredite - que brancos acreditem, mas também, e talvez sobretudo, que negros acreditem - que um negro possa ter tocado impunemente uma mulher branca para que se veja ameaçada a ordem de dominação fundada no princípio de não reversibilidade da violência entre dominante e dominado. A partir do momento em que se acredita em algo assim, abre-se uma perigosa possibilidade, que deve ser rejeitada por uma força ainda mais implacável. Daí o fato

---

15 *Apud* Hadley Cantril, *The psychology of social movements*, New Brunswick, Transaction publishers, 2002, p. 115.

de que a efetiva culpa do suspeito seja uma questão totalmente irrelevante para os linchadores.

Neste caso, para além da morte individual, o objetivo da matilha de caça não é – ao contrário de outras formas históricas, como veremos – a expulsão ou o massacre do grupo-presa, mas sim que este permaneça confinado nos limites estreitos de uma dominação social de raça. Nos cadáveres pendurados em árvores, os linchadores deixam mensagens para advertir os negros de passagem. O linchamento é um chamado à ordem, destinado ao grupo dominado. Oliver C. Cox escreveu algo a respeito: "Pelo linchamento, os negros são mantidos em seus lugares, ou seja, conservados como um grande reservatório de força de trabalho comum, facilmente explorável. [...] O linchamento e a ameaça de linchamento são recursos fundamentais da classe dominante branca para manter o *status quo*. Trata-se de um dispositivo infralegal desenvolvido para preencher uma necessidade social vital que, em razão de poderosas convenções democráticas das sociedades ocidentais, não pode ser satisfeito pela lei formal".[16]

O linchamento é um desses casos historicamente negligenciados de insurreição dos dominantes sobre os dominados. Trata-se de uma matilha de senhores contra seus antigos escravos com a finalidade de perpetuar a relação de dominação.

No mesmo período, em outros lugares, matilhas racistas também foram organizadas. Mas, para além das similitudes aparentes – um homem, mais moreno do que os outros, corre para tentar escapar de uma horda de perseguidores –, elas obedecem a dinâmicas completamente diferentes.

---

16 Oliver C. Cox, *Caste, class, & race: a study in social dynamics*, Nova York, Monthly review press, 1959, p. 558.

10

caça aos estrangeiros

Existem muitas reflexões a serem feitas sobre a caça aos operários estrangeiros; só acrescentaremos o seguinte: é preciso que os operários, os proletários de todos os países, se reconheçam como irmãos, ou seja, iguais a todos e em todos os lugares, igualmente infelizes, solidários uns com os outros e contra os exploradores.

Frédéric Froben (alfaiate),
Peter Wartens (marceneiro),
Philipp Reppner (curtidor),
L'Atelier, abril de 1848[1]

1 "Correspondence", *L'Atelier*, órgão especial dos trabalhadores, 12 de abril de 1848, p. 119.

No dia 16 de agosto de 1893, em um canteiro de obras na região de Aigues-Mortes, um operário italiano molhou sua camisa suja em um reservatório de água destinada à bebida. Logo depois, houve uma briga entre trabalhadores franceses e trabalhadores italianos. As coisas não pararam por aí: "A história dessa agressão não demorou para se espalhar por vários outros canteiros de obras. [...] Os operários se uniram. Armados com cabos de pá, eles começaram por volta de 4 horas uma verdadeira caça ao homem".[2] As autoridades decidiram evacuar os trabalhadores italianos: "Os franceses seguiam nossa coluna lançando algumas pedras e gritando: 'Morte aos italianos! Voltem para o Crispi![3] Nós queremos o sangue de vocês!' [...]. Um grupo de cerca de quatrocentos manifestantes apareceu portando duas bandeiras, uma tricolor e a outra vermelha, sobre a qual estava inscrito em italiano: 'Morte aos italianos, hoje vamos fazê-los virar salsichas!' [...] Os franceses, furiosos, partiram para cima dos retardatários com pauladas [...], pisoteando-os e atirando pedras. Um desses infelizes, um turinense, acreditando se salvar, levantou-se, com o rosto ensanguentado, e gritou: 'Me deixem, eu sou da Córsega, eu sou francês! Salvem-me!'. Mas isso não lhe serviu de nada. Ele foi atingido por pedradas e pauladas e caiu morto no meio da estrada".[4] Quando anoiteceu, contavam-se dezenas de mortos e feridos. No dia seguinte, o prefeito de Aigues-Mortes publicou uma nota oficial: "A Companhia decidiu excluir os postos de trabalho daqueles indivíduos de nacionalidade italiana".

---

2 *Le Petit Méridional*, 18 de agosto de 1893.

3 [N. E.] Francesco Crispi (1818-1901) foi um político italiano influente, ocupando o cargo de primeiro-ministro por duas vezes, entre 1887 e 1891 e 1893 e 1896. Foi um defensor ferrenho da Tríplice Aliança, das politicas coloniais na África e pelo nacionalismo hostil contra a França.

4 Depoimento publicado em *Il Secolo*, XIX, 22-23 de agosto de 1893, *apud* Enzo Barnabà, *Le Sang des marais, Aigues-Mortes 17 août 1893, une tragédie de l'immigration italienne*, Marselha, Via Valeriano, 1993.

Nessas caçadas a homens, que ganham a forma de matilhas populares, existe um objetivo claro: a expulsão. Grita-se "morte" e realmente se mata; entretanto, clamar pelo assassinato e assassinar tem como finalidade a expulsão. Nos linchamentos, o *leitmotiv* era: "O negro deve permanecer em seu lugar"; já nas caças xenófobas, é: "Fora, estrangeiros!". Os primeiros são caças racistas de segregação, as segundas são caças xenófobas de exclusão. Nestas, a matilha pede, ao mesmo tempo, a expulsão dos imigrantes da cidade e sua exclusão dos empregos.

A hostilidade pode ser expressa em termos de oposições nacionais – franceses contra italianos, com todos os clichês usuais –, mas, antes de tudo, o antagonismo é social. As caças ao estrangeiro são caças a *trabalhadores* estrangeiros. No dia seguinte aos acontecimentos de Aigues-Mortes, Napoleone Colajanni mostrava o quanto a expressão "caça ao italiano" era imprópria, não apenas porque outras minorias também tinham sido tocadas por violências semelhantes, mas sobretudo porque, em todos os casos, "a caça é praticada nas costas dos operários da mais baixa categoria". Ora, continuou ele, "se na França o ódio e o ressentimento político estivessem arraigados e difundidos, eles se manifestariam principalmente contra as classes cultas". Não sendo este o caso, "parece-me possível concluir que o ódio e o ressentimento nacional não tenham muito a ver com os tristes acontecimentos de Aigues-Mortes, pelo menos como motivos essenciais".[5]

A raiz das violências estava menos no ódio nacional do que na concorrência, no domínio do mercado de trabalho, de dois grupos de trabalhadores de origens distintas.[6] As caças

5 Napoleone Colajanni, *Una questione ardente, la concorrenza del lavoro*, Roma, Biblioteca delle rivista popolare, 1893, *apud* Enzo Barnabà, *Le Sang des marais, Aigues-Mortes 17 août 1893, une tragédie de l'immigration italienne*, *op. cit.*

6 A economista Edna Bonacich chama de "mercado de trabalho fragmentado" aquele em que duas frações da mão de obra apresentam um diferencial em termos de custo da força de trabalho para a mesma tarefa; se forem diferenciadas pela origem, sua concorrência pode resultar em antagonismo étnico. Uma das estratégias possíveis para o grupo de trabalhadores com custos mais altos de mão de obra é a da

xenófobas são caças de concorrência salarial. Sua lógica é a interpredação: explorados contra explorados, pobres contra pobres, trabalhadores contra trabalhadores. Se o capitalismo não inventou a violência xenófoba, ele a conectou às potentes dinâmicas de interpredação que o constituem. Ora, isso não demorou a ser compreendido por certos movimentos políticos.

Em 1893, logo após os acontecimentos de Aigues-Mortes, a imprensa conservadora estigmatizava "os operários baratos que vêm disputar o pão francês nos canteiros de obras", exigindo "a taxação com alto imposto de importação da mercadoria nociva e adulterada chamada operário italiano".[7] Fazendo eco a essa agitação, apareceram em Paris anúncios redigidos à mão conclamando a população à caça aos estrangeiros: "Nós estamos sendo invadidos pelos estrangeiros. O pouco de trabalho que resta é feito para os estrangeiros alemães, italianos, belgas etc. [...] Vamos, camaradas, sigamos o exemplo de nossos irmãos de Aigues-Mortes e de Nancy: cacemos o estrangeiro. Vamos mostrar que em nossas veias corre o sangue francês".[8]

De forma sintomática, foi também nesse mesmo ano que Maurice Barrès, pai espiritual do "socialismo nacional", publicou seu panfleto *Contra os estrangeiros: estudo para a proteção dos trabalhadores franceses*.[9] Nele, o pensador

---

exclusão: "impedir a presença física da força de trabalho de baixo custo na área do emprego", Edna Bonacich, "A Theory of Ethnic Antagonism: The Split Labor Market", *American Sociological Review*, Vol. 37, N.º 5, Out. 1972, pp. 547-559, p. 555. A outra estratégia consiste em manter privilégios de casta. Enquanto a caça aos indesejáveis corresponde à primeira estratégia – um movimento violento de exclusão-expulsão dentro de um regime de competição –, os fenômenos de caça e linchamento descritos acima são, por sua vez, característicos do segundo modelo – um movimento violento de reafirmação do privilégio da casta étnico-social dentro de um regime de dominação.

7 *Apud* Michel-Louis Rouquette, *La Chasse à l'immigré: violence, mémoire et représentations*, Sprimont, Mardaga, 1997, p. 32.

8 *Ibid.*, p. 2.

9 Maurice Barrès, *Contre les étrangers. Étude pour la protection des ouvriers français*, Paris, Grande imprimerie parisienne, 1893.

defendia o protecionismo em relação ao trabalho nacional. Cinco anos mais tarde, a mesma retórica retorna em seu programa eleitoral: "Até nos canteiros de obra, onde concorre com os operários franceses, o estrangeiro, como um parasita, nos envenena. Um princípio fundamental sobre o qual deve ser estruturada a nova política francesa é proteger todos os nacionais contra essa invasão".[10]

"Proteção", eis a nova palavra de ordem: "Se reivindicamos proteção para o produto, é porque queremos proteger o produtor nacional, o patrão e o operário. E isso nos leva a tomar medidas que priorizem o operário francês em detrimento do operário que trabalha na França".[11] Estender a lógica protecionista das mercadorias para os trabalhadores, esse era o deslocamento fundador pelo qual a direita conservadora e nacional tentou, ao longo da segunda metade do século XIX, traduzir a xenofobia popular em programa político. As palavras de ordem tornaram-se conjuntamente as da caça aos estrangeiros e da preferência nacional.

Essa operação política foi levada a cabo quando, em um cenário de crise, nos anos 1880, a classe trabalhadora sofreu surtos de violência xenófoba. Assim como o socialismo reconheceu nas greves operárias a potência social capaz de transformá-la em força política, o nacionalismo reacionário e conservador, racista e antissemita, viu nas caças aos trabalhadores estrangeiros tanto sua contrapartida prática quanto seu fermento, sua força potencial de mobilização para a conquista do poder.

Ora, fazer com a circulação dos trabalhadores o mesmo que se fazia com as mercadorias, ou seja, tratar os homens como coisas, é uma ideia que havia sido evocada muito antes, por outros pensadores. Em meados da década de 1840, o economista Frédéric Bastiat, criticado por suas posições

---

10 Maurice Barrès, *Scènes et doctrines du nationalisme*, Paris, Plon-Nourrit, 1925, Vol. II, p. 161.

11 *Ibid.*, p. 164.

liberais pelos redatores do jornal operário *L'Atelier*, respondeu-lhes apontando uma evidente contradição em seus discursos: em nome de que eles teriam aceitado o protecionismo para as mercadorias estrangeiras, enquanto o recusavam para os trabalhadores estrangeiros? "O que se está protegendo na França? Coisas que são feitas por grandes empresários em grandes fábricas, ferro, carvão, tecido [...]. Porém, sempre que o trabalho estrangeiro aparece em nosso mercado de forma que possa ser prejudicial a vocês, mas benéfico aos grandes empresários, não os deixamos entrar? Não há, em Paris, 30 mil alemães fabricando roupas e sapatos? Por que não os deixam se instalarem ao lado de vocês quando lhes tiram os lençóis? [...] Não estamos pedindo para que os alfaiates alemães e os tratoristas ingleses sejam rebaixados. Queremos que permitam a entrada dos lençóis e dos trilhos. Pedimos justiça para todos, igualdade para todos perante a lei!".[12] A habilidade aqui, dado o contexto, consistia em reformular as teses do livre-comércio sob uma retórica socializadora. Em princípio, retoma-se o tema da igualdade, embora num sentido especial, em que "a igualdade para todos" passava a significar, conforme uma definição muito ampla, a igualdade das coisas e das pessoas – em virtude desse princípio, as mercadorias devem usufruir da mesma liberdade de circulação que os trabalhadores.[13] Depois, usa-se o vocabulário da justiça social, chegando à denúncia da moral ambígua dos burgueses protecionistas, que expõem seus trabalhadores à concorrência, enquanto a recusam para si próprios. Bastiat

12 Frédéric Bastiat, *Mélanges d'économie politique*, Bruxelas, Méline, Cans, et cie, 1851, Tomo I, p. 152. Sobre a história desses debates, conferir o excelente artigo de Pierre-Jacques Derainne: "Migrations de travail, conflits et sociabilités: l'exemple des ouvriers allemands en France sous la monarchie de Juillet et la seconde République", *Deutsche Handwerker, Arbeiter und Dienstmädchen in Paris. Eine vergessene migration im 19. Jahrhundert*, Oldenbourg, 2003, pp. 121-142.

13 A igualdade se tornava uma maneira de denominar a concorrência livre e sem distorções. Paradoxo que Marx comentou da seguinte forma: "Designar com o nome de fraternidade universal a exploração em seu estado cosmopolita é uma ideia que apenas poderia ter se originado no seio da burguesia". Karl Marx, "Discours sur le libre-échangisme" (1848), *Oeuvres 1*, Paris, Gallimard, 2007, p. 154.

usou um argumento que pretendia revelar o absurdo: não se tratava de recusar a livre circulação dos trabalhadores; ao contrário, era preciso apoiar-se na evidência dessa liberdade para fundar, por analogia, a liberdade do comércio. O argumento era habilidoso, mas perigoso, pois equivalia a propor a exclusão dos estrangeiros como única alternativa possível à concorrência capitalista dos trabalhadores.

Não demorou para que a direita conservadora percebesse a falha, entendendo que havia ali uma oportunidade ideológica ímpar. Assumindo os pressupostos do debate desde o final dos anos 1840, ela passou a exigir a expulsão dos estrangeiros em nome do protecionismo do trabalho nacional.[14] Ironia da história, o que apareceu no discurso liberal como um argumento paradoxal destinado a converter o movimento operário ao livre-comércio acabou fornecendo, primeiro para a direita conservadora e, depois, para a extrema-direita racista e antissemita, a origem de seu programa político.

Posto assim, sob a forma de uma simples alternativa entre livre-comércio e protecionismo, o debate desde o início parecia uma armadilha: prejulgava-se o que poderia ser protegido e pressupunha-se o prazo da proteção possível. Diante desse quadro, o objeto de proteção passava a ser imediatamente o nacional, e a ameaça, o estrangeiro. A pergunta de Bastiat ("O que se está protegendo?") desdobra-se em *um sentido* pertinente: qual deve ser o objeto da proteção? Ou ainda: qual é, afinal, a ameaça? De que se deve ser protegido? São perguntas que surgem de imediato quando o debate é formulado como a oposição entre livre-comércio e protecionismo nacional.

---

14 Como Pierre-Jacques Derainne demonstra, é "sob a Monarquia de Julho e a Segunda República que se começa a elaborar na França, difundindo-se entre os trabalhadores e a burguesia, o argumento contemporâneo da preferência nacional em matéria de emprego". Pierre-Jacques Derainne, "Migrations de travail, conflits et sociabilités: l'exemple des ouvriers allemands en France sous la monarchie de Juillet et la seconde République", *op. cit.*, p. 141.

As reivindicações de proteção social defendidas pelo movimento operário – aquelas mesmas que estavam na origem do direito do trabalho e dos modelos de solidariedade coletiva – identificaram claramente a ameaça principal: a exploração capitalista do trabalho em detrimento da vida dos trabalhadores. Em contraste, a equivalência entre proteção e defesa do nacional tornava o estrangeiro, por deslocamento e condensação, a fonte e a encarnação de todas as ameaças. Assim, não era mais dos abusos dos patrões que os trabalhadores precisavam ser protegidos, mas deles próprios – ou melhor, de uma fração considerada inimiga. O efeito desse descolamento era redesenhar a cartografia mental e real dos campos opostos, lançar uma identidade política contra outra, a identidade nacional contra a consciência de classe. O procedimento era radical e perigoso, pois operava os próprios termos da política em um nível elementar, isto é, a definição do amigo e do inimigo, o delineamento das oposições e dos antagonismos relevantes.

O ato fundador da política xenófoba foi estabelecer uma fronteira entre os que precisam ser protegidos e os que podem – ou melhor, devem – ser excluídos dessa proteção. A xenofobia política se define por uma operação de demarcação cuja matriz, como acabamos de ver, deriva do discurso econômico. O racismo biológico se funde ao dispositivo para definir a essência daquilo que merece proteção, para oferecer um conteúdo substancial ao conceito de nacional. Não obstante, é importante compreender que a definição da identidade pela raça ou pelo sangue não é indispensável para o funcionamento do dispositivo. Certas definições culturais ou históricas também podem cumprir esse papel. A identidade nacional é um X na equação, que pode ser preenchido de diversas maneiras na medida em que a determinação positiva daquilo que é "nacional" não passa de um elemento secundário do mecanismo de exclusão apresentado. Dito de outro modo, uma das lições dessa genealogia é que a exclusão xenófoba enquanto programa político não pressupõe a teoria racial: as teorias da identidade determinam apenas de modo secundário os termos vazios de uma estrutura de exclusão que as antecede politicamente. É por isso que as recusas - necessárias - das ideologias racistas são por si só impotentes para combater a xenofobia enquanto regime de exclusão política. Não basta dizer que tais ideologias apresentam como substâncias naturais o que, na verdade, são entidades fictícias, seres de fantasia e de discurso, sem consistência autônoma. É fundamental opor a elas regimes alternativos de identificação política, outras noções de proteção - do que deve ser protegido -, outras categorias políticas de proteção coletiva contra as relações de predação.

Os redatores do *L'Atelier* responderam a Bastiat: "Não estamos pedindo que cacem os operários estrangeiros que vêm trabalhar na França, nem mesmo sob o pretexto de proteger o trabalho nacional".[15] Porém justificavam esse rechaço quase exclusivamente por valores morais, invocando a ideia de que as considerações altruístas deveriam prevalecer sobre os interesses econômicos: "Nós compreendemos muito bem que o trabalho deles diminui o nosso, que nosso salário é reduzido pela concorrência; mas não é isso o que mais nos toca; neste ponto [...] nós não imitamos os exemplos de certa classe que coloca o lucro acima de tudo".[16] Em seguida, a argumentação se baseia numa forma de patriotismo aberto: aqueles que permanecem se tornarão franceses, enquanto aqueles que voltam ao país de origem ainda serão "até certo ponto, um dos nossos", pois, devido ao contato "conosco", terão assimilado "nossas ideias, nossas doutrinas". Os autores mobilizavam aqui um conceito de fraternidade herdado do cosmopolitismo iluminista e do discurso revolucionário:

---

15 "Sur la liberté des échanges - À Monsieur Frédéric Bastiat", *L'Atelier: organe spécial de la classe laborieuse*, outubro de 1846, p. 387-389, p. 388.

16 *Ibid.*

França, a encarnação e o abrigo do universal. Assim formulados, os argumentos eram bastante frágeis. Se a opção xenófoba era refutada, era em nome de uma ideia generosa, sem dúvida, porém impotente no plano político, já que era incapaz de responder no próprio terreno onde Basquiat, por meio de uma habilidosa manobra tática, havia se posicionado – a saber: o terreno dos interesses de classe. Os operários republicanos se colocavam assim em uma situação difícil e perigosa: começar admitindo que os interesses de classe implicavam o fechamento xenófobo do mercado de trabalho para, em seguida, não terem nada mais a opor diante da potência do interesse material a não ser os valores morais da pátria e dos direitos humanos. Em 1848, entre duas revoluções, aconteceram caças ao estrangeiro em Paris.[17] A imprensa operária, republicana e progressista publicou imediatamente reações que condenavam o que chamou de "manifestações egoístas", destacando seu caráter minoritário.

Um grupo de operários imigrantes alemães escreveu à redação do *L'Atelier* para parabenizá-los pelos posicionamentos "contra tentativas tão injustas quanto imprudentes de algumas pessoas que têm a ideia de expulsar de Paris operários e empregados estrangeiros".[18] A carta apresentava toda uma argumentação contra as tentativas de "exclusivismo nacional": "A caça aos estrangeiros", escreviam, "seria muito prejudicial sob vários aspectos: 1) desmentiria de modo horrível o santo adágio 'Fraternidade', inscrito em todos os monumentos e decretos; 2) deixaria aborrecidas com o povo francês não as autoridades estrangeiras, mas justamente as

17 Os trabalhadores estrangeiros foram expulsos das oficinas, e alguns grupos políticos tentaram lançar uma campanha de agitação xenófoba. Em um sábado de abril de 1848, os trabalhadores parisienses, convocados por cartazes para uma reunião pública, "viram aparecer um indivíduo que, depois de tirar uma bandeira, leu uma proclamação violenta instando-os a expulsar todos os trabalhadores estrangeiros da França. Indignados com tal proposta, e com razão, os trabalhadores que formavam o coletivo, em número de 3 a 400, agarraram o homem e o levaram à delegacia de polícia", *L'Ami de la religion*, 11 de abril de 1848, p. 107.

18 "Correspondence", *op. cit.*, p. 119.

populações estrangeiras [...]; 3) não melhoraria em nada as condições do operário francês, pois imagine que existam duzentos mil operários em Paris e que se expulsem cinquenta mil operários estrangeiros [...]. Essa lacuna [...], causada pela partida de um quarto dos trabalhadores, não seria rapidamente preenchida pelos franceses da província?".[19] Trata-se, portanto, de uma combinação de argumentos morais, pragmáticos e econômicos.

Porém, após essa argumentação, os autores faziam um apelo que pertencia a um registro totalmente novo no discurso político: "É preciso que os operários, os proletários de todos os países, se reconheçam como irmãos, ou seja, como iguais a todos e em todos os lugares, igualmente infelizes, solidários uns com os outros contra os exploradores; este é o triste e lúgubre significado da palavra 'fraternidade' para nós, operários, que também implica a esperança de uma grande e sublime reabilitação universal dos proletários em todos os países".[20]

Percebemos por contraste a originalidade e a força de suas posições: o argumento consistia, com efeito, em dizer que era o próprio interesse de classe, devido a suas orientações – se compreendidas corretamente –, que motivava a oposição à exclusão xenófoba. O argumento pertinente não se limitava a dizer que, graças à livre circulação dos homens, os operários franceses poderiam insuflar no mundo o espírito de emancipação, alimentando os estrangeiros com os "nossos" princípios, ideia que soava de uma arrogância chauvinista; mas sim que o exclusivismo nacional produzia uma divisão funesta da classe operária, impedindo-a de se unir em sua luta contra um inimigo comum.

Nesse novo esquema, é preciso que os explorados "*se reconheçam* como irmãos". A fraternidade não tem mais o imediatismo de uma essência, mas a necessidade de um

19 *Ibid.*

20 *Ibid.*

reconhecimento mútuo. Ora, o reconhecimento recíproco não passa pela essência de uma *identidade* comum; passa antes pela consciência da similitude das *situações vividas*. O que configura o comum não é uma origem, tampouco uma identidade determinante, mas uma condição, uma posição social partilhada, uma experiência transponível. Nessa concepção original de fraternidade, *tornam-se* irmãos ou irmãs não por filiação ou por nascimento, e sim pelo simples fato de reconhecerem sua própria situação diante do outro.

A questão filosófica implícita é a do modo de existência do sujeito político: definir o sujeito coletivo não de forma substancial, e sim por meio de um jogo de identificações cruzadas, em que todos se reconheçam no que há de comum e de negativo em suas situações. Porque a condição compartilhada, que funda o reconhecimento recíproco, é uma situação negativa: a exploração. Daí o "triste e lúgubre significado" da nova noção de fraternidade, que perde a candura imediata que poderia ter no universalismo burguês. Passa a adotar um sentido amargo porque une irmãos de infortúnio. Então, essa unidade negativa ganha outro traço, o de uma luta. Os irmãos de miséria passam a ser irmãos de armas. A partir daí, não é mais apenas em nome da igualdade universal das pessoas que o exclusivismo nacional é recusado, mas também em nome de uma solidariedade com implicações estratégicas: a fraternidade de classe funda, para além das fronteiras, a unidade combativa. Ora, como essa noção é antinômica, tanto em relação à concorrência liberal quanto em relação à exclusão nacional no mercado de trabalho, ela permite o confronto em duas frentes, contra os defensores do livre mercado e contra os xenófobos, recusando os termos da alternativa imposta. A questão não é defender os operários nacionais contra a concorrência dos operários estrangeiros, e sim defender todos os trabalhadores contra a concorrência capitalista. A competição que cria divisões deve ser enfrentada com a solidariedade social, não mais com a exclusão nacional.

As formulações dos operários alemães ecoam de modo literal o *Manifesto do Partido Comunista*, que acabara de ser publicado em Londres, dois meses antes, em sua língua original, para não suspeitar de influência direta. Isso significa que o primeiro uso, a primeira aplicação política direta das fórmulas do *Manifesto* foi realizada em Paris por trabalhadores imigrantes fazendo frente à caça aos estrangeiros. Luta de classes ou caças xenófobas, a alternativa foi apresentada muito cedo.

No final do século XIX, Bernard Lazare, rival do antissemitismo e de todos os racismos, adversário resoluto de Barrès, havia compreendido perfeitamente o sentido das manobras ideológicas implementadas pela extrema-direita; ele entendeu muito bem qual poderia ser o desfecho histórico: "Desconfie do egoísmo patriótico, do protecionismo nacional, um dia ele vai sair caro, é assim que vão tirar o melhor do seu sangue. Desconfie dos pseudossocialistas que dizem que seus salários são baixos, que a culpa é dos operários estrangeiros e dos judeus, e que você será mais feliz quando ambos forem expulsos. Como o burguês cairia na gargalhada se pudesse colocá-lo contra seus irmãos de miséria, contra seus companheiros de correntes, protegendo assim sua própria pele!".[21]

21 Bernard Lazare, *Juifs et antisémites*, Paris, Allia, 1992, p. 77.

11

caça aos judeus

– Vocês praticarão a caça ao homem? – perguntei-lhe.
– Vamos procurá-los onde quer que possam estar escondidos.

Entrevista do pastor Marc Boegner, presidente da Cimade[1], com Pierre Laval, em 9 de setembro de 1942[2]

1 [N. E.] Cimade (Comité Inter Mouvements Auprès des Évacués) é uma organização não governamental francesa que atua em apoio a migrantes e solicitantes de asilo. Criada em 1939 a partir da articulação de grupos de estudantes protestantes, a ONG surgiu com caráter fortemente religioso e missionário.

2 Marc Boegner, *L'Exigence oecuménique: souvenirs et perspectives*, Paris, Albin Michel, 1968, p. 154.

Em 1320, os chamados Pastoureaux[3] partiram para sua segunda cruzada na região francesa de Languedoc. "Dando continuidade à guerra e à caça de judeus",[4] eles entraram em Toulouse. Um habitante, Baruch, o alemão, contou: "Os Pastoureaux e a multidão invadiram o bairro dos judeus. Eu estava em casa estudando e escrevendo quando essas pessoas chegaram na minha casa e começaram a berrar: 'Morte, morte, ou você se batiza ou nós vamos matá-lo agora mesmo'. Ao ver a fúria do povo e perceber que estavam matando na minha frente outros judeus que se recusavam a ser batizados, eu respondi que preferia isso à morte. Então me agarraram, me fizeram sair de casa sem poder pegar roupas ou qualquer outra coisa, e me levaram assim para a catedral Saint-Étienne. Quando chegamos, dois clérigos me apontaram cadáveres de judeus que estavam na frente da igreja e disseram: 'Se você não for batizado, irá morrer como aqueles ali'".[5]

A história dos judeus europeus é a história das perseguições seculares. Desde a Idade Média, repetem-se episódios de caças a homens: espancamentos, incêndios, expulsões, massacres. Essas cenas de violência nos deixam atônitos, tamanhas as semelhanças entre as imagens, os gestos e os slogans ao longo dos séculos.

Hannah Arendt nos adverte contra a ideia de um "antissemitismo eterno", imóvel e sem história. Além de não explicar muito, essa tese comporta um perigo político: absolver os autores das violências invocando uma espécie de

---

3 Os Pastoureaux, cujo nome significa literalmente "pequenos pastores", foram camponeses que desenvolveram um movimento popular nos séculos XIII e XIV com o objetivo de libertar a Terra Santa.

4 Alexandre Du Mège, *Histoire générale de Languedoc*, Toulouse, Paya, 1844, Tomo VII, p. 70.

5 Batizado sob coação, a Inquisição o levou a julgamento. Esse testemunho foi extraído de seu interrogatório. Cf. Jean Duvernoy (ed. e trad.), *Le Registre d'inquisition de Jacques Fournier, évêque de Pamiers (1318-1325)*, Paris-La Haye, Mouton, 1978, Vol. I, p. 224.

transcendentalismo da história europeia. Para ela, igualmente problemática era a teoria do bode expiatório: teoria de uma violência que escolhe suas vítimas arbitrariamente (poderia ter acontecido com qualquer um), essa pseudoexplicação, na verdade, "escamoteia, portanto, a seriedade do antissemitismo e a importância das razões pelas quais os judeus foram atirados ao centro dos acontecimentos".[6] Tais ideias, juntas, levaram à conclusão de que, se os judeus foram escolhidos como vítimas, isso aconteceu porque sempre foi natural que eles fossem tratados assim. De modo contrário, Arendt insistia na historicidade dos fenômenos, recusando a reduzi-los a um modelo geral e eterno. Sua hipótese era a de que as razões do antissemitismo moderno deveriam ser buscadas na história da função social dos judeus e da formação e posterior crise dos Estados nacionais.

Ao longo da história, as caças aos judeus passaram sistematicamente por três transformações importantes: as caças de matilha, que se tornaram caçadas estatais; as caças religiosas, que se tornaram caças racistas; e as caças assassinas, que se tornaram caças genocidas. Ora, as três mutações estão relacionadas.

O primeiro modelo histórico é o da caça-cruzada. As caças dos Pastoureaux são um exemplo; são caças de matilha. Quaisquer que sejam suas raízes econômicas e sociais, apresentam-se como caças religiosas. Sua ideologia é a do antijudaísmo cristão, dirigido contra o "povo deicida". Sua palavra de ordem é: "conversão ou morte". Ainda que essa alternativa fosse puramente retórica e culminasse no massacre, a caça se apresentava como um meio de conversão, uma caçada prosélita que, com violência, iria "forçar a entrada". A linha de divisão entre os caçadores e suas presas era a linha da fé, que podia ser professada ou renunciada.

6 Hannah Arendt, *Origens do totalitarismo*, *op. cit.*, 27.

Nessa caça aos pagãos, a identidade cristã só deixava àqueles que estivessem fora dela a seguinte alternativa: converter-se ou desaparecer. Mas é claro que a própria conversão era uma forma de desaparecimento, um desaparecimento pela absorção e pela indiferenciação. Eliminação e assimilação são, neste caso, os dois termos solidários de uma mesma alternativa, os dois modos de ação disponíveis para uma força cujo horizonte é vir a ser totalidade: ou você é como nós, ou não será mais nada. O contrário da assimilação é a supressão dos que se recusam a entrar. Temos então outra variante da caça pastoral. Ainda que se defina como uma inclusão forçada em vez de uma excomunhão, é fundada sobre o mesmo postulado essencial: para fora de nós, não há nada além da morte. Isso vale para os que foram expulsos da comunidade e devem morrer, mas também para as figuras espectrais que vagueiam na periferia do verdadeiro mundo – o mundo cristão –, e que devem decidir se entram ou se desaparecem.

Diante dessa alternativa, nas situações mais extremas, a resistência só podia tomar a forma da liberdade encontrada na morte: por meio do suicídio heroico, privar o inimigo de seu poder de assassinato. Em 1320, um grupo de judeus que fugia da aproximação dos Pastoureaux encontrou refúgio em uma torre fortificada de Verdun-sur-Garonne. Os agressores fecharam o cerco: "Os sitiados se defenderam com muita valentia; depois de terem atirado contra seus inimigos todas as pedras e todas as vigas, além de tudo o que podiam carregar, atiraram seus próprios filhos contra eles. Por fim, os Pastoureaux juntaram uma grande quantidade de lenha e colocaram fogo na porta da torre, e os judeus, com a fumaça incomodando muito, e percebendo que não teriam nenhuma salvação, tomaram a decisão extrema de matarem uns aos outros para não perecerem nas mãos dos Pastoureaux".[7]

---

7 Alexandre Du Mège, *Histoire générale de Languedoc*, *op. cit.*, p. 70.

Caça aos judeus no gueto de Frankfurt em 1614 (gravura de 1642).

Gravura de H. Merian, 1642, extraída de J. L. Gottfried, *Historische Chronica*, Frankfurt, 1642, p. 1142.

Consideradas de um ângulo estratégico, as caças antissemitas têm há muito tempo uma função derivada dos antagonismos políticos. David Nirenberg demostrou como os motins antijudeus da Idade Média na verdade se inscreviam de forma complexa no âmbito de uma revolta contra o poder monárquico. Os Pastoureaux, explica ele, "viam os judeus como agentes fiscais do Estado, o que alguns judeus de fato eram [...]. Eles também sabiam que os judeus estavam protegidos pelo rei".[8] Em outras palavras, esses motins foram a expressão de "uma revolta contra a fiscalização real, camuflada sob a própria linguagem da monarquia sagrada e da

8 David Nirenberg, *Communities of violence: persecution of minorities in the Middle Ages*, Princeton, Princeton University Press, 1998, p. 48.

cruzada".[9] Na sociedade cristã, parte dos judeus foi obrigada a ocupar uma função social que era ao mesmo tempo economicamente necessária e religiosamente proibida - a do crédito e da usura. Como Michelet resumiu, "durante toda a Idade Média, perseguidos, expulsos, chamados de volta, eles [os judeus] cumpriram o indispensável papel intermediário entre o fisco e a vítima do fisco, entre o agente e o paciente, bombeando o ouro dos de baixo e devolvendo-o ao rei em cima".[10] Mas essa função ascendente de extração financeira, cujo crédito e imposto eram os instrumentos, desdobrava-se em uma segunda função descendente e política: identificados como engrenagens subalternas da fiscalização real, os judeus acabavam sendo alvos convenientes para as revoltas antifiscais que, mais do que atacar diretamente o poder central, miravam o grupo social a ele ligado - os judeus, servos do rei. Operava-se, portanto, a derivação da revolta antiestatal sobre um grupo social subordinado.

Mais tarde, quando a função econômica desapareceu como traço específico, e a figura do judeu usurário não passava de um vestígio ideológico, estereótipo de uma imagética racista cristalizada, a função estratégica do antissemitismo como derivação da cólera social não desapareceu. Bernard Lazare, perguntando-se sobre as razões das perseguições dos judeus na Rússia no século XIX, descreve o mecanismo: "Por que tais tratamentos, tal persecução abominável? [...] O povo russo, dominado pela miséria, arrasado por impostos, curvado diante da mais atroz das tiranias, amargurado pelas violências administrativas e arbitrárias do governo, saturado de sofrimentos e de humilhações, encontra-se em uma situação intolerável. Normalmente resignado, ele é capaz de se enfurecer; suas insurreições e suas revoltas devem ser temidas; os motins antissemitas cumprem a função de dissuadir a fúria popular, é por isso que o governo os encoraja

9 *Ibid.*, p. 50.

10 Jules Michelet, *Histoire de France*, Paris, Chamerot, 1861, Tomo III, p. 96.

e, com frequência, os provoca. Quanto aos camponeses e aos operários, eles se voltavam contra os judeus, pois, como diziam, o 'judeu e o nobre valem a mesma coisa, só que é mais fácil bater no judeu'. [...] [É] enternecedor ver pessoas deserdadas lançando-se umas sobre as outras em vez de se unirem contra o czarismo opressor".[11]

Se as caçadas do antissemitismo moderno, em parte, ainda são enunciadas no vocabulário clássico do antijudaísmo religioso, sua palavra de ordem não é mais "conversão ou morte", mas "expulsão ou morte": "Hep! Hep! Hep! Morte e destruição de todos os judeus, vocês têm que fugir ou morrer".[12] Nessa nova alternativa, a caça não se apresenta mais como um dispositivo de conversão forçada, e sim de exclusão sangrenta. Segundo um jornal da época, os ativistas do Hep-Hep são "comerciantes, homens educados que perdoariam de bom grado os judeus, sua descrença e sua origem asiática, caso os judeus lhes cedessem a exclusividade no comércio atacadista e varejista dos produtos ingleses e franceses, e quisessem voltar para seus negócios de outrora".[13] A expulsão corporativa dos judeus, sua exclusão econômica, é isso o que querem as matilhas antissemitas, e é isso o que obtêm: "A casta de comerciantes e as corporações de artesãos que haviam fomentado as agitações alcançaram seu objetivo: o Senado reforçou as medidas que baniam os judeus dos ramos artesanais regidos pelas corporações".[14]

O antissemitismo moderno foi, em primeiro lugar, uma ideologia pequeno-burguesa. No início do século XX, tornou-se a expressão política privilegiada do anticapitalismo hemiplégico e inconsequente de uma pequena burguesia que, em meio à crise econômica, dissociava o bom capital

---

11 Bernard Lazare, *L'Antisémitisme: son histoire et ses causes*, Paris, J. Crès, 1934, p. 39.

12 Helmut Berding, *Histoire de l'antisémitisme en Allemagne*, Paris, Éditions MSH, 1991, p. 62.

13 *Ibid.*, p. 60.

14 *Ibid.*, p. 61.

industrial do mau capital financeiro, o bom capital nacional do mau capital estrangeiro, e que convertia o "judeu" na encarnação do que havia de mais nefasto nas potências do dinheiro. O antissemitismo surgiu, portanto, como o meio de formular um sentimento anticapitalista difuso, que foi dirigido de forma socialmente confortável a representantes fantasiosos de uma forma de capital: "A ironia da História", escreveu Abraham Léon, "pretende que a mais radical ideologia antissemita da história triunfe justamente na época em que o judaísmo se encontra em vias da assimilação econômica e social. Mas, como todas as ironias da história, esse aparente paradoxo é bastante compreensível. Na época em que o judeu era inassimilável, na época em que representava verdadeiramente o capital, ele era indispensável à sociedade. Não havia como destruí-lo. Atualmente, a sociedade capitalista, à beira do abismo, tenta se salvar ressuscitando o judeu e o ódio aos judeus. Mas é justamente porque os judeus não desempenham o papel que lhes foi atribuído que a perseguição antissemita pode atingir tal escala".[15]

Enquanto as caças antissemitas serviram historicamente ao poder estatal como válvulas de escape, o projeto estratégico original dos movimentos de extrema-direita consistiu, no alvorecer do século XX, em mobilizá-las contra os aparelhos de Estado existentes: intensificar a potência de subversão política das caçadas de matilha e transformar aquilo que havia funcionado por muito tempo como mecanismo de segurança da autoridade estatal em um meio de conquista do poder do Estado. Mas, se sua estratégia depois se mostrou historicamente capaz de reunir uma fração decisiva das classes sociais dominantes, foi também porque, ao fazê-lo, sua função de desviar os antagonismos sociais não havia desaparecido: sufocar a luta de classes por meio da guerra racial, mesmo ao custo de destruir as antigas formas de poder estatal.

15 Abraham Léon, *Conception matérialiste de la question juive*, Paris, Éditions Pionniers, 1946, p. 145.

Da mesma maneira que justificou teoricamente a caça ao estrangeiro, a extrema-direita do final do século XIX teorizou a caça ao judeu, e o fez de modo coerente, já que o "judeu" representava para ela o estrangeiro da pior estirpe.

Revoltas antissemitas do Hep-Hep, em 1819.

Gravura de Johann Michael Voltz. "Hep! Hep!" era o grito de guerra dos manifestantes antissemitas. Uma etimologia fantasiosa remonta às Cruzadas e a vê como o acrônimo de uma frase latina: "Hierusalem Est Perdita" – "Jerusalém está perdida". É mais provável que seja uma distorção do alemão "Hebe! Heb!": "Pare-o! Pegue-o". Os tumultos Hep-Hep incendiaram a Europa, de Würzburg a Copenhague e Amsterdã, em 1819.

Em *La France juive* [*França judaica*], Drumont denuncia a conquista insidiosa que teria permitido aos "judeus invadirem todas as situações importantes e expulsar todos os franceses",[16] começando pelas propriedades e castelos da antiga aristocracia. Em uma passagem intitulada "As caças judias: a revanche do cervo", ele descreve de modo patético os tormentos do cervo ao ser caçado pela nobreza francesa, para explicar, em seguida, em que consistiria sua revanche: "Enfim não estaria vingado o infeliz cervo, perseguido de século em século para o espetáculo desses donos de belos nomes, arrastando-se, sob o sorriso irônico dos criados, atrás de algum judeu imundo da Alemanha ou da Rússia [...]? As florestas onde cavalgaram os ancestrais, os bravos conquistadores da velha Gália, enegrecidas pelas madeiras, ainda são assombradas pelas lendas do passado. [...] Fontainebleau pertence a Ephrussi, Versailles a Hirsch, Ferrières a Rothschild".[17] A degradação da velha aristocracia e a intrusão de judeus caçadores nas antigas propriedades, essa era a vingança dos habitantes da floresta. Em sua visão racista, Drumont transforma as "caçadas judaicas" em caças ao homem branco, ao francês, chegando ao ponto de atribuir a Hirsch as seguintes palavras dirigidas a seus guardas: "Caso passe um francês, atire!".[18]

Reciprocamente, no imaginário antissemita, reconquistar o poder perdido passa pela reapropriação do privilégio viril da caça. Para afastar o declínio, para reassumir o posto de senhor, é preciso voltar a ser caçador – mas caçador de judeus. Céline, ao denunciar que o interior de seu país está sendo colonizado por uma "praga de judeus", se pergunta: "Reagir? Mas como?".[19] Sua resposta ganha a forma de uma vinheta histórica: "Uma bela história... a Grande Época dos

---

16 Édouard Drumont, *La France juive*, Paris, C. Marpon & F. Flammarion, 1887, p. 60.

17 *Ibid.*, pp. 83-85.

18 *Ibid.*, p. 85.

19 Louis-Ferdinand Céline, *Bagatelles pour un massacre: texte intégral*, Paris, Denoël, 1937, p. 156.

Arvernos...". Atacado pelos romanos, Biruit, rei dos gauleses bárbaros, convocou todos os seus guerreiros. Em sua carruagem banhada de prata, com eixos de bronze, ele avançava com seu elmo de bronze, adornado com colares e braceletes de ouro. Sua matilha de caça o acompanhava. Atrás dos esquadrões de escolta, comprimiam-se duzentos mil gauleses com longas espadas de dois gumes, lanças com lâminas reluzentes e grandes escudos planos de vime ou de madeira, pintados com cores vivas. Quando, do alto da colina, o rei avistou no vale do Ródano o pequeno batalhão das legiões romanas, exclamou: "Hoje mal temos o suficiente para dar de comer a meus cães...". A mensagem é clara: contra os judeus, esses novos invasores, é preciso ressuscitar a matilha de caça de nossos ancestrais, os gauleses.[20] O antissemitismo retomava, pois, o tema da guerra das raças desenvolvido pela historiografia francesa do século XIX, atribuindo-lhe, imediatamente, a forma de uma caça ao homem do tipo heroica.

Na verdade, as perseguições nada tinham de glorioso. Nada de insígnias de prata, nem adornos de ouro. Bernard Goldstein, um dos organizadores da insurreição do Gueto de Varsóvia, relata como foi o início de um *pogrom*, na Polônia, em 1940: "Grupos de delinquentes, a maior parte jovens, saíram por várias ruas do bairro judeu roubando e espancando os transeuntes. Eles entravam correndo nas lojas, nas casas, gritando 'Hurra!', 'Porrada nos judeus!', 'Morte aos judeus!', batendo, saqueando, quebrando os vidros, arrombando as portas e os móveis, destruindo tudo o que não podiam levar".[21] A essas caças ao homem, o movimento operário judeu respondia com a autodefesa política: "Decidimos

20 *Ibid.*, p. 156. A esse tipo de mitologia nacional, baseada no absurdo da continuidade histórica de uma raça original, Bernard Lazare respondeu: "Aceitemos os gauleses. E gritemos: A Gália para os gauleses. E os latinos, os francos, os visigodos, os suevos e os alemães? Eles são conquistadores vis, e os antigos gauleses deveriam se unir e expulsá-los da terra. O que é lamentável é que os antigos gauleses se misturaram tanto com as outras raças – até mesmo com os judeus – que ninguém sabe onde encontrá-los", Bernard Lazare, *Juifs et antisémites*, *op. cit.*, p. 25.

21 Bernard Goldstein, *L'Ultime combat, nos années au ghetto de Varsovie*, Paris, Zones, 2008, p. 67.

que, não importasse o que acontecesse, íamos resistir, fosse com arma branca, fosse com bastões ou barras de ferro. Mobilizamos os grupos de combate dos açougueiros, dos caminhoneiros e da milícia do *Bund*[22]. [...] Quando, no dia seguinte, os pogromistas apareceram nas ruas, encontraram homens munidos de porretes, barras de ferra e outras armas. Os combates foram sangrentos. As ambulâncias da cidade tiveram que levar vários delinquentes a diversos hospitais".[23]

Para uma pequena burguesia que vivia com ódio da degeneração de raça, o caçador ideal surgia como o meio para a regeneração física e moral, algo semelhante ao que escreveu um publicitário do século XIX: "Para saber sobre as conquistas da caça, pergunta a um pequeno-burguês. Esse herdeiro direto dos orgulhosos gauleses, esse depositário das tradições mais bem estabelecidas de nossos longínquos ancestrais, sem dúvida, te responderá: a caça fortalece a nossa raça".[24]

Ora, o tema se transformou em uma teoria antropológica por pensadores reacionários obcecados pelo declínio do Ocidente. Eles teorizaram a natureza predadora do homem para melhor convocar os instintos ocultos. A antropologia do predador foi desenvolvida de modo mais explícito por Spengler, na Alemanha. Como lembra Jacques Bouveresse, coube a Krauss deixar evidentes as implicações políticas dessa filosofia: ao fazer o elogio da capacidade de investir "com uma determinação inteligente" contra os mais fracos, ao glorificar "a embriaguez do sentimento, quando a faca corta o corpo inimigo, quando o cheiro do sangue e os gemidos chegam aos sentidos triunfantes", Spengler forneceu "a base intelectual aos processos que aconteceram

22 [N. E.] *Bund*, do alemão, era a União Geral dos Trabalhadores Judeus, fundada em 1897.

23 Bernard Goldstein, *op. cit.*, p. 68.

24 J. Ernest-Charles, "La presse et les préoccupations nationales", *Revue bleue*, 1863, quarta série, Tomo XIV, p. 378-380, p. 379.

em Dachau e em Sonnenberg, em Hedemannstrasse e em Papestrasse".[25] O apelo era o de assumir a violência predadora. Os nazistas encontraram aí uma das bases de sua ideologia política: a crueldade, a predação implacável como ideal de potência. Com efeito, os dignatários do regime, que se imaginavam com hordas loiras e aves de rapina, adoravam caçar. Goering tinha especial orgulho por seu título de *Reichsjägermeister*, grande caçador do Reich.

O nazismo soube incitar e capturar a potência de mobilização social das caças antissemitas e xenófobas para transformá-las em vetor da sua conquista de poder. O golpe de Estado da matilha – eis a sua estratégia.

Uma vez conquistado o poder, a caça aos judeus deveria perder sua dimensão de revolta para se transformar em uma atividade policial. Sendo assim, ela foi utilizada de duas maneiras diferentes: primeiro como instrumento de mobilização dissolvente contra o antigo poder do Estado e, depois, como principal instrumento no exercício de poder estatal. Assim foi a passagem das caças populares para as caças estatais.

Desse ponto de vista, a Noite dos Cristais, de 9 de novembro de 1938, marcou uma transição entre o antigo e o novo, a encenação final de uma caça-*pogrom* antes do pleno desenvolvimento das caçadas estatais. A caça aos judeus deixou de ser desordenada e violenta; passou a ser planejada, burocratizada e centralizada. Tornou-se assim capaz de reviver antigas palavras de ordem de forma implacável. Nenhuma multidão sanguinária teria feito melhor, com toda a frieza metódica de uma maquinaria estatal. De assassina que era, a caça aos judeus passava a ser genocida.

O antissemitismo, que já havia sido reformulado nos termos do racismo biológico, foi então reincorporado como mecanismo político para a prática do poder de Estado.

---

25 Jacques Bouveresse, "Kraus, Spengler & le déclin de l'Occident", em *Essais II. L'époque, la mode, la morale, la satire*, Marseille, Agone ("Banc d'essais"), 2001, p. 32 ss.

"O homem, esse predador": Hermann Goering vestido para a caça.

"Hermann Göring als Privatmann
bei der Jagd", Dokumentationsarchiv
des Österreichischen Widerstandes.
Identificador: 9782.

Foucault demonstrou como, no contexto biopolítico, o racismo se tornou um operador de poder que permitia traçar a separação entre quem deveria viver e quem deveria morrer no *continuum* biológico da população.[26] Diferentemente da identidade religiosa, o pertencimento de raça não pode ser renunciado: ele é substancial e, por isso, tende a implicar a eliminação dos racializados.

Associadas ao dispositivo, a caça e as relações de predação natural permitiam realizar outra operação para fundar a violência racista. Hitler havia advertido, em privado: "Muitos judeus não tomaram consciência do caráter destruidor de sua existência. Mas quem destrói a vida se expõe à morte, e não haverá exceção para eles! Quem é o culpado pelo gato ter comido o rato?".[27] A ideia implícita era a de que um predador nunca poderia ser criticado por sua violência, pois a caça se inscreve em sua natureza vital de caçador, assim como a natureza da presa está em ser caçada. Não é em virtude de uma primeira agressão, ou em legítima defesa, que um gato ataca um rato. Pelo contrário, como Hitler admite, nenhum rato jamais fez mal a um gato. Mas isso não é relevante, pois pensar assim seria ainda se inscrever no antigo contexto do direito da guerra, em que a retaliação é o conceito central. Ora, com o racismo biopolítico, não nos situamos mais nesse tipo de racionalidade. O direito de matar não se baseia no que o outro fez, mas no que o outro é e no que somos nós, e na ordem necessária dessa relação. A violência do Estado racista não é um ato de represálias, não faz parte de um direito da guerra; depende de uma racionalidade distinta – a da caça e da predação natural. A hostilidade predador/presa não precisa se basear em um direito de agressão que defina casos legítimos, pois se inscreve como uma necessidade na

26 Michel Foucault, *Em defesa da sociedade*, trad. de Maria Ermantina de Almeida Prado Galvão, São Paulo, WMF Martins Fontes, 2016, p. 215.

27 Adolf Hitler, *Monologe im Führer-Hauptquartier 1941-1944, 1980*, Hamburgo, A. Knaus, 1980, p. 148.

natureza das espécies ou das raças em questão. Ao colocar a caça como modelo de legitimidade da sua violência, o racismo de Estado, a despeito de grande parte da tradição filosófica moderna, reduz o direito político a uma definição zoológica do direito natural, em que o direito não tem outros limites senão os que o poder estabelece, um poder biologicamente definido. O modelo da predação zoológica permite, assim, naturalizar o direito de matar, tornando-o uma prerrogativa estatal fundada sobre a superioridade de raça. O "direito" ao genocídio se situa na continuidade de uma relação natural entre presa e predador. Inscrever a violência assassina na ordem necessária da violência vital, para isso serve o modelo cinegético como referência normativa do Estado racista.

Em fevereiro de 1945, prisioneiros de guerra fugiram do campo de Mathausen. As autoridades nazistas lançaram uma vasta operação de vários dias, conhecida por *Mühlviertler Hasenjagd* [caça às lebres em Mühlviertel]. Nessa caça, participaram o exército, a SS, a gendarmaria, mas também a população civil local. Uma forma híbrida de caça estatal e batida popular. Como se, por meio de uma última mobilização da população para a caça, o aparelho nazista de Estado, em seu ocaso, quisesse devolver à matilha de caça suas prerrogativas cinegéticas em uma última batida comum.

12

caça aos homens ilegais

Vê! Hoje tu me banes do solo fértil, terei de ocultar-me longe de tua face e serei um errante fugitivo sore a terra: mas o primeiro a me encontrar me matará.

Gênesis[1]

Ele [...] tentou fugir, aparentemente temendo que descobrissem sua situação. Um policial do BAC o perseguiu. Então ele se atirou na água, onde foi resgatado pouco depois em estado crítico. Acabou morrendo no hospital em decorrência de uma parada cardíaca.

"Morte de um homem ilegal que tentou escapar da polícia", *Reuters*, 4 de abril de 2008[2]

Precisamos de abrigo e de proteção.

Faixa dos refugiados da "selva" de Calais, 22 de setembro de 2009

1 Bíblia de Jerusalém, São Paulo, Paulus, 2002, Gênesis, 4:14-15, p. 39.

2 Baba Traoré, que se afogou no Marne em Joinville-le-Pont, morreu no dia 4 de abril de 2008.

Em Gênesis, Caim é condenado a vagar pelo mundo. O exílio faz dele uma presa universal: "*o primeiro a me encontrar me matará*". Para remediar a perigosa vulnerabilidade, Deus lhe aplica uma marca de proteção: "E Iahweh colocou um sinal sobre Caim, a fim de que não fosse morto por quem o encontrasse".[3] Que sinal era esse? O texto nada diz, e as interpretações divergem. Para alguns comentadores, era o medo que agitava o corpo de Caim, "o próprio temor de seus membros que o tornava perceptível e evidente".[4] O que quer que fosse, tal marca tinha origem transcendente.

De que tipo de proteção podem gozar aqueles que são expulsos da ordem que os protege? Transposta para a esfera civil e política, nas sociedades em que a proteção foi monopolizada pelas instâncias do Estado-nação, a questão se apresenta de forma especialmente acentuada para os que dela foram excluídos – sabendo que, evidentemente, na política terrestre, qualquer marca de proteção transcendente, qualquer salvo-conduto divino, está irremediavelmente ausente.

Esse é o problema que Arendt apresentou a respeito dos apátridas, cuja "expulsão moderna da humanidade" tem consequências "muito mais radicais que o costume antigo e medieval da proscrição".[5] Arendt sabia que as antigas formas de banimento – que ela analisava corretamente como um "substituto da força policial, destinada a fazer com que os criminosos se entregassem à justiça"[6] – colocavam a vida dos proscritos à mercê de todos aqueles que encontrassem no

---

3 Derrida comentou esse texto, insistindo nos "paradoxos da caça ao homem" da qual Caim é alvo: "depois de cair na armadilha e matar Abel, Caim se cobre de vergonha e foge, vagando, caçado como um animal. Deus então promete a essa besta humana proteção e vingança", cf. Jacques Derrida, *L'animal que donc je suis*, Paris, Galilée, 2006, p. 68.

4 Teodoreto, *Quaestiones in Genesim*, XLII, *apud* Monique Alexandre, *Le Commencement du Livre. Genèse I-V, la version grecque de la Septante et sa réception*, Paris, Beauchesne, 1988, p. 363.

5 Hannah Arendt, *Origens do totalitarismo*, *op. cit.*, p. 336.

6 *Ibid.*

caminho. Ela afirmava, no entanto, que a exclusão moderna dos sem-pátria era ainda mais radical. Para compreender as razões, é preciso analisar as especificidades dessa nova forma de proscrição.

A exclusão legal dos apátridas já não se apresenta como a punição de um crime, e sim como o *estado*, diretamente ligado ao estatuto político dos indivíduos. O apátrida é excluído do regime de proteção legal não por ter *cometido* uma infração, pelo contrário, ele *é* a própria infração por simplesmente existir, por estar presente no território do Estado-nação. Tornar as pessoas a própria infração, transformar sua vida em uma infração permanente, tal é a primeira característica que indica o extremismo do novo regime de exclusão legal.[7]

A nova forma de proscrição não é mais uma medida que testemunha a fraqueza do poder soberano, mas é a base de um aumento descomedido do poder policial exercido sobre indivíduos privados de proteção legal.[8]

No contexto de uma humanidade organizada em Estados-nações, a exclusão dos apátridas equivale à perda de toda a proteção possível, não apenas de um ou outro regime de proteção nacional. Em razão da equivalência prática entre os direitos humanos e os direitos dos cidadãos, e entre estes últimos e os direitos dos nacionais, sua garantia pelo Estado está condicionada à admissão dos indivíduos na esfera da nacionalidade. Ao perder a nacionalidade, o que eles estão perdendo não são apenas direitos específicos, mas o próprio direito de ter direitos: "Só com uma humanidade completamente organizada, a perda do lar e da condição política de

---

7 Há algo de desconcertante do ponto de vista da lógica jurídica: "Os juristas habituaram-se a pensar na lei em termos de castigo, o que realmente nos priva de certos direitos; para eles, pode ser mais difícil que para um leigo reconhecer que a privação da legalidade, isto é, de *todos* os direitos, já não se relaciona com crimes específicos", *ibid.*, p. 328.

8 "O Estado-nação, incapaz de prover uma lei para aqueles que haviam perdido a proteção de um governo nacional, transferiu o problema para a polícia. Foi essa a primeira vez em que a polícia da Europa ocidental recebeu autoridade para agir por conta própria, para governar diretamente as pessoas [...]", *ibid.*, p. 321.

um homem pode equivaler à sua expulsão da humanidade".[9] O paradoxo aqui é que aquilo que costumamos chamar de direitos humanos está de tal maneira relacionado aos direitos dos nacionais que, quando os homens se apresentam como homens, não podem ter os direitos reconhecidos: "O paradoxo da perda dos direitos humanos é que essa perda coincide com o instante em que a pessoa se torna um ser humano em geral".[10]

A proscrição moderna é mais discreta e metódica do que a antiga. Em primeiro lugar, ela passa por procedimentos administrativos. Seu mecanismo é burocrático e seus instrumentos são os documentos. Os Estados modernos tem em suas mãos o monopólio dos meios de certificação da existência pessoal. A ilegalidade se manifesta quando não há papéis, documentos oficiais para apresentar a quem os solicita. Como diagnosticou Arendt, "a sociedade descobriu que a discriminação era a grande arma social a partir da qual se pode matar os homens sem derramar sangue, pois os passaportes ou as certidões de nascimento, ou mesmo as declarações de impostos, deixaram de ser documentos oficiais e passaram a critérios de distinção social".[11] Tornar-se ilegal consiste em não ter documentos, em um contexto em que o documento se transformou em um dos modos fundamentais de existência jurídica do sujeito – não apenas na relação com o Estado, mas no conjunto de transações que formam a trama da vida cotidiana.

O problema formulado por Arendt a respeito dos apátridas perdura ainda hoje com os imigrantes sem documento, cujo estatuto reúne as quatro grandes caraterísticas anteriores: criminalização da existência, aumento do controle policial, exclusão dos direitos humanos e morte do documento.

---

9 *Ibid.*, p. 330.

10 *Ibid.*, pp. 335-336.

11 Hannah Arendt, "Nous autres réfugiés", em *La tradition cachée*, Paris, Bourgois, 1976, pp. 57-77, p. 74.

A nova forma de proscrição legal, diferente daquelas dos apátridas, é o produto histórico recente das políticas de *ilegalização* dos imigrantes, cuja progressão pode ser acompanhada, lei por lei, medida por medida, na maioria dos Estados do Norte desde o início dos anos 1970.[12] Essa nova situação de ilegalidade dos trabalhadores imigrantes deve-se à recusa dos Estados em lhes conceder o direito de residir e trabalhar na legalidade. À medida que as condições de entrada e de permanência se tornam mais restritivas, um número cada vez maior de trabalhadores é lançado na ilegalidade.

Atualmente, uma nova linha de exclusão se sobrepôs à antiga e ainda ativa demarcação pautada na nacionalidade, que agora se expressa em nome de um princípio de territorialidade. Na França, quando a tendência era estender os direitos sociais a todos os residentes sem condição de nacionalidade, pouco a pouco, as autoridades incorporaram um novo critério de discriminação: o da regularidade da residência.[13] Ao exemplo da criação de um delito *sui generis*, cujo fim é a exclusão legal dos imigrantes, supostamente dissuadidos a entrar em um território que lhes nega o acesso a direitos fundamentais.

Ora, ainda que não sejam legalizados, os imigrantes se encontram no território, isto é, eles residem nele física e socialmente. De modo que o primeiro efeito da exclusão legal não é o de matá-los, mas o de bloquear o acesso a uma série de direitos. Isso leva ao paradoxo de que as medidas legais de exclusão dos imigrantes sem documentos, mesmo que sejam declaradas em nome da soberania territorial, têm como primeiro efeito produzir no território situações em que o direito não mais se aplica, sob a forma de enclaves ou de

---

12 O conceito de ilegalização foi cunhado por Nicholas P. De Genova. Cf. Nicholas P. De Genova, "Migrant 'Illegality' and Deportability in Everyday Life", *Annual Review of Anthropology*, Vol. 31, 2002, pp. 419-447.

13 Karine Michelet, *Les droits sociaux des étrangers*, Paris, L'Harmattan, 2002.

zonas francas, em que, de algum modo, indivíduos se tornaram extraterritoriais. Essa situação opera uma ruptura quanto ao antigo princípio da soberania territorial, que reiterava o desejo de que tudo o que *se encontra* no território seja *do* território,[14] visto que residir no território não é mais suficiente para ser sujeito *de facto* do direito que nele se aplica. Com efeito, a exclusão do direito desses residentes é contraditória, pois equivale a uma suspensão da lei - suspensão esta que decorre da própria legislação. Assim, sob o pretexto de respeitar uma fronteira territorial, criou-se no território uma fronteira legal entre aqueles que podem ser protegidos pelo direito e aqueles que não podem mais.

Considerados inexistentes ainda que existam, os indivíduos são privados do reconhecimento jurídico de sua real inserção social. Como o caso de uma morte civil, em que o indivíduo está fisicamente vivo e legalmente morto, as relações só podem continuar na informalidade. Temos aqui outra característica do estado do proscrito: a proibição de lhe prestar assistência. Trata-se do "delito de solidariedade": "Qualquer pessoa que tenha, por ajuda direta ou indireta, facilitado ou tentado facilitar a entrada, a circulação ou a estadia irregular de um estrangeiro na França será punida com uma multa de 30.000 euros".[15] Além da criminalização da solidariedade privada, a exclusão legal estende-se também aos benefícios do Estado social. Na França, nos últimos anos, as autoridades multiplicaram os projetos de restrição do Auxílio Médico do Estado, do qual as pessoas sem documento dependem para ter acesso à saúde. Sem falar do aspecto

---

14 O princípio medieval da soberania territorial era expresso na seguinte forma: "*quidquid est in territorio est de territorio*". A máxima significava que o soberano reinava sobre todo o território e sobre tudo o que nele se encontrava. Em seguida, o princípio foi interpretado livremente para incluir a proteção de refugiados: "*Qui est in territorio est de territorio*". Como um estrangeiro está sujeito às leis do país onde reside e deve obedecê-las, ele também deve desfrutar da proteção e dos benefícios dessas mesmas leis. Ivan Golovin, *Esprit de l'économie politique*, Paris, Didot, 1843, p. 382. Cf. Hannah Arendt, *Origens do totalitarismo, op. cit.*

15 Artigo L622-1 do "Code de l'entrée et du séjour des étrangers et du droit d'asile" [Código sobre a entrada e a permanência de estrangeiros e sobre o direito ao asilo].

orçamentário da questão: na prática, "a intensificação das intervenções policiais para barrar as pessoas sem documento as leva a não mais buscarem as medidas para obter o Auxílio. As pessoas não fazem mais valer seus direitos, temendo que isso as leve à prisão".[16] É o que explica a Anistia Internacional: "O fato de não terem nenhum estatuto legal significa que eles costumam ser reticentes ou inaptos para reivindicar seus direitos relativos ao trabalho ou a outros direitos humanos".[17]

A "proposta 187", adotada em 1994, na Califórnia, antes de ser declarada inconstitucional, esclareceu os princípios filosóficos que sustentam as políticas de exclusão dos direitos fundamentais. A fim de justificar a exclusão dos *illegal aliens* [imigrantes ilegais] dos serviços sociais, de saúde e de educação, o preâmbulo do texto invocava o "direito dos cidadãos à proteção", reinterpretado como direito à proteção "contra toda pessoa que entrar ilegalmente no país". Vemos aí a restrição nacionalista do conceito de proteção, que, como demonstrado, formou a base programática da xenofobia política desde meados do século XIX.

O acesso a direitos incondicionais se vê condicionado à arbitrariedade estatal que define a regularidade da residência. A advertência de Hannah Arendt deve ser levada a sério: a restrição estatal-nacional do acesso aos direitos humanos produz, inevitavelmente, fenômenos mortais de exclusão.

A ilegalidade, porém, não funciona como uma simples medida de exclusão. Como destaca Nicholas P. De Genova, a ilegalidade cumpre uma função de inclusão paradoxal: a exclusão legal corresponde ao "processo ativo de inclusão por ilegalização",[18] no sentido de que a exclusão legal dos trabalhadores sem documento permite sua inclusão salarial em

---

16 *La lettre d'Act Up-Paris*, N.º 116, fevereiro de 2009.

17 Amnesty International, *Vivre dans l'ombre. Les droits des migrants*, dezembro de 2006.

18 Nicholas P. De Genova, *Working the boundaries: race, space, and "illegality" in Mexican Chicago*, Durham, Duke University Press, 2005, p. 234.

condições de extrema vulnerabilidade. Excluídos da legalidade, eles se encontram, por isso mesmo, incluídos em formas de exploração especialmente intensas: "A partir do momento em que nós reconhecemos que as migrações sem documento são constituídas não para excluí-los, mas para incluí-los socialmente sob condições de vulnerabilidade impostas, expandidas e prolongadas, não é difícil entendermos como o fato de eles terem suportado vários anos de ilegalidade pode servir de aprendizagem disciplinar na subordinação de seu trabalho".[19] A precariedade por exclusão legal funciona como um regime disciplinar, uma docilização pela ansiedade.

Para se compreender o modo de funcionamento do poder contemporâneo de ilegalidade, é preciso atentar-se ao que Judith Butler e Gayatri Spivak chamam de "modos complexos de governamentalidade de maneiras que não são facilmente redutíveis a atos soberanos".[20] Ao contrário do que sugere sua denominação, os destituídos jurídicos contemporâneos não são apenas pessoas "sem", isto é, a privação não esgota a sua definição. Excluídos dos modos jurídicos de pertencimento, desqualificados para a cidadania, eles são ativamente "qualificados" para a via ilegal. Longe do retorno a um estado pré-político, de ordem biológica, suas existências são produzidas e socialmente saturadas de poder. Criticando explicitamente a tese de Agamben, Butler e Spivak defendem que os banidos modernos não são relegados à vida nua, não são "instâncias não diferenciadas de 'vida nua', mas estados de destituição altamente juridificados".[21]

Mas que tipo de existência é possível quando a vida é negada pelo Estado? Em *A sagrada família*, Marx zomba da ideia segundo a qual o não reconhecimento estatal de um

---

19 Nicholas P. De Genova, "Migrant 'Illegality' and Deportability in Everyday Life", *op. cit.*, p. 429,

20 Judith Butler, Gayatri Chakravorty Spivak, *Quem canta o Estado-nação?*, trad. de Vanderlei J. Zacchi e Sandra Goulart Almeida, Brasília, editora UnB, 2018, p. 43.

21 *Ibid.*, p. 44.

fenômeno social equivaleria ao seu real desaparecimento. Tal perspectiva, aplicada por exemplo à questão religiosa, consistiria em pensar que não inscrever os feriados na lei equivaleria a "declarar que o cristianismo parou de existir". A essa tese da performatividade do discurso da lei, Marx opõe uma concepção realista do modo de existência dos fenômenos sociais em sua relação com o reconhecimento estatal: "a essa proclamação de sua morte civil dentro do Estado, corresponde sua vida mais poderosa, que agora obedece a suas próprias leis sem que ninguém a estorve, e pode estender sua própria existência em toda a sua extensão".[22] O não reconhecimento estatal de um fenômeno não o faz desaparecer, na verdade o libera dos grilhões da lei e o devolve às formas mais selvagens de sua vida social. A morte legal é o início de sua vida "anárquica". Da mesma forma, um sujeito privado de existência legal não retorna à vida biológica, antissocial, mas à vida social sem lei da sociedade civil, ou seja, à exploração desenfreada. O primeiro efeito da falta de legislação dos trabalhadores imigrantes é, para eles, a desregulamentação da relação salarial. Relações sociais estabelecidas sem código, sem garantia e praticamente sem recursos. Hoje, a ilegalidade não mais os expõe "aos animais da floresta, aos pássaros do céu e aos peixes que vivem nas águas", conforme as fórmulas do antigo banimento, mas à predação de um mercado de trabalho em que, mais do que nunca, os trabalhadores, oferecendo suas peles na vitrine, apenas podem esperar uma coisa: serem expostos à exaustão.

Predação de mercado e exclusão soberana estão intimamente relacionadas, complementando-se. A predação econômica no mercado de trabalho ocorre não apenas baseada na exclusão legal, como também nas perseguições policiais com finalidade de expulsão. Ora, é exatamente a insegurança jurídica e policial, objetivando a expulsão, que resulta, como

---

22 Karl Marx, *A sagrada família, ou A crítica da Crítica crítica contra Bruno Bauer e consortes*, trad. de Marcelo Backes, São Paulo, Boitempo, 2011, p. 136.

efeito secundário, na produção de uma mão de obra tão fácil de ser explorada do ponto de vista econômico que ela é ainda mais vulnerabilizada pelo Estado. Às caças de expulsão, caças policiais e estatais, articulam-se mecanismos predatórios de aquisição-exploração de força de trabalho informal. Caças policiais e predação de mercado comunicam-se: caças de expulsão e caças de aquisição.

A caça ao homem é uma técnica de governo exercida por meio da ansiedade – é preciso deixar os seres em estado de alerta, com a vida deportável e a existência perseguida. Tais efeitos revelam uma estratégia consciente e teoricamente sustentada de insegurança. Os agentes da caça o reconhecem imediatamente. É o que diz um tenente-coronel da gendarmaria francesa em uma entrevista em que ele não hesita, aliás, em empregar o termo "batidas": "A minha tentativa é deixar os estrangeiros que estão em uma situação irregular num clima de insegurança. Eles têm que saber que podemos controlá-los o tempo todo. Eles precisam temer isso".[23] Os ativistas têm uma observação semelhante: "Viver à sombra, privado de direitos ou de forma clandestina é viver com uma angústia permanente quanto à delação e à chantagem, pois, uma vez que a situação for descoberta, a pena será a detenção ou a expulsão imediata. Isso significa experimentar a ausência total de proteção e de recursos diante da administração, dos empregadores e dos proprietários, assim como diante do enfrentamento de doenças, acidentes, disputas. Significa temer qualquer contato social [...]. Estar em constante estado de alerta".[24]

Se é possível falar da caça aos sem-documento, é porque hoje as expulsões não mais acontecem de forma

---

23 "M. Guillemot: 'cette insécurité est nécessaire'", *Kashkazi*, N.º 44, 15 de junho de 2006, p. 9.

24 Panfleto "Personne n'est illégal".
[N. E.] A frase "Ninguém é ilegal" é usada desde os anos 1980 como palavra de ordem e como um apelo ao reconhecimento dos direitos fundamentais dos migrantes e dos indocumentados.

aleatória. Sob a pressão de políticas xenófobas, é preciso multiplicar os números – o que em francês, no jargão policial, chamamos de "la course à la bâtonnite" (corrida pelo cacetete). Ora, preencher as cotas implica uma política de caça proativa. É o que explica Emmanuel Terray: "Tecnicamente falando, quando queremos abordar os homens indesejáveis, é preciso buscá-los lá onde eles estão. O fato de a polícia francesa ter metas definidas nessa área, pelas quais os responsáveis são julgados de acordo com uma hierarquia, faz com que essa caça assuma formas impressionantes".[25] Um policial também testemunha, por sua vez, a reorientação: "Antes, trazer um estrangeiro em situação irregular era uma vergonha, tempo perdido. Agora, praticamente só fazemos isso".[26]

Para cumprir suas metas de prisão, a polícia faz uso de certo número de técnicas. Em seu *Manual de etnografia*, Marcel Mauss indica que "a caça pode ser estudada de dois modos principais: de acordo com a arma usada e de acordo com a presa caçada".[27] Examinemos as armas.

A primeira delas é o controle de identidade. Trata-se de uma técnica de triagem, que pressupõe a instalação em um ponto de passagem, de preferência onde vivem os indivíduos procurados. Para os sem-documento, em Paris, como ainda explica um policial: "É fácil. Se você for para Belleville, pode ter certeza de que vai encontrar alguns e cumprir os objetivos".[28] Em seguida, é realizado um "controle de arquivo", a fim de identificar os "interpeláveis". A base de dados Eurodac, sistema de reconhecimento de marcas digitais, registrava

---

25 Emmanuel Terray, "When you want to arrest undesirables, you have to go and find them where they are", http://www.ldhtoulon.net/spip.php?article2279. Acesso em jul. 2010.

26 Carine Fouteau, "Un escorteur de la PAF raconte la violence ordinaire des expulsions forcées", *Mediapart*, 12 de outubro de 2009, http://www.mediapart.fr/journal/france/071009/un-escorteur-de-la-paf-raconte-la-violence-ordinaire-des-expulsions-forcees.

27 Marcel Mauss, *Manuel d'ethnographie*, Paris, Payot, 1967, p. 58.

28 Carine Fouteau, "Un escorteur de la PAF raconte la violence ordinaire des expulsions forcées", *op. cit.*

em 2010 mais de 1 milhão de pessoas sem documento e requerentes de asilo. Por muito tempo, até o primeiro terço do século XIX, o Estado marcou com ferro em brasa seus condenados para identificá-los em caso de fuga ou de reci-diva. Hoje, com o regime de identificação biométrica, não há mais marca a ser feita, pois a marca passou a ser o próprio corpo. Em Calais, os refugiados inventaram uma técnica para driblar o controle biométrico: "Há uma fogueira permanentemente acesa. Ela é usada para aquecer a água (para o chá, para lavar roupa, para a limpeza pessoal), mas também para queimar barras de ferro com as quais os imigrantes mutilam a ponta de seus dedos a fim de apagar as marcas digitais".[29]

Quando o indivíduo controlado consegue fugir, acontece a perseguição: "Fui empurrada de leve por um jovem, parecia ser um adolescente e corria como um louco. Escutei uma voz gritando: 'Peguem! É a polícia! Peguem'. [...] Vi o jovem correr pela avenida com os dois policiais atrás dele. Dizem que, quando estamos sendo perseguidos, nosso corpo encontra toda energia necessária para correr mais rápido, que ninguém consegue nos pegar, mas os policiais não estavam medindo esforços. [...] Eu me perguntei o que ele tinha feito, se tinha cometido alguma agressão ou se estava traficando droga. O jovem virou à esquerda, antes da ponte. Os policiais, esgotados, diminuíram a velocidade. [...] Eu também diminuí a velocidade, olhei, mas não vi mais nada. Pensei que, se ele estivesse na água, eu o teria visto, e que ele ainda não tinha tido tempo de atravessar a nado aquele braço do rio. [...] Então continuei meu caminho pensando que ele tinha conseguido escapar. Hoje à noite li na internet: *Morte de um homem ilegal perseguido pela polícia*".[30]

A técnica da emboscada consiste em se posicionar em um lugar propício e ficar à espreita: "Em 2007, aproveitando

---

29 Jean-Marc Manach, "Les 'Doigts brûlés' de Calais", *Le Monde diplomatique*, 25 de setembro de 2009, www.monde-diplomatique.fr/carnet/2009-09-25-Calais.

30 Marie Vermillard, "La mort d'un homme", *Le Monde*, 7 de abril de 2008.

a distribuição de refeição dos Restos du Coeur,[31] na Praça da República, em Paris, cerca de vinte homens sem documento foram presos [...]: 'É como fazem com os animais: a isca no centro, os caçadores emboscados, os furgões para evacuar as presas'. Na quarta-feira, a história se repetiu em Rouen. Instalados por cerca de 15 minutos na Place des Emmurés, os voluntários dos Camions du Coeur viram a polícia chegar no momento que se organizavam para distribuir as refeições, os produtos de higiene e de proteção contra o frio. Resultado: prisão de uma dezena de homens ilegais".[32]

Os arredores das escolas são lugares em que a detenção é igualmente fácil. No dia 20 de março de 2007, em Paris, Xiangxing Chen foi buscar, como todos os dias, seu neto de quatro anos na escola infantil da rua Rampal. Os policiais estavam a postos, esperando. O avô foi barrado em um bar da rua. Pais de alunos da rede RESF[33] alertaram: "Tem uma multidão na frente do restaurante. 'Logo vocês vão entender porque devem sair daqui', gritou um policial. Ele abre a porta do carro e tira dois cachorros com focinheira, que ele atiça sobre as pessoas. [...] Os policiais tiram seus cassetetes e lançam gás lacrimogênio exatamente quando as crianças estavam se espalhando pela rua".[34]

Quando uma abordagem ou operação resulta em prisão coletiva, trata-se de uma batida policial. Em seu relatório de 2005, a Cimade[35] elaborou uma lista de batidas de pessoas ilegais realizadas ao longo do ano pela polícia francesa.[36]

---

31 [N. T.] Serviços filantrópicos de refeição realizados em várias cidades da França e dedicados às pessoas que se encontram em situação de rua.

32 Lina Sankari, "Des sans-papiers raflés aux Restos du Coeur", *L'Humanité*, 23 de outubro de 2009.

33 [N. E.] Réseau éducation sans frontières, um coletivo de diversas organizações sociais dedicado ao apoio de filhos em idade escolar afastados de seus pais estrangeiros por conta da perseguição governamental na França.

34 "À Belleville, police practical work in front of schoolchildren", *Libération*, 23 de outubro de 2009.

35 [N. E.] ONG francesa, cf. nota 1, cap. 11.

36 Cf. Emmanuel Blanchard, "Ce que rafler veut dire", *Plein droit*, 81, julho de 2009, p. 4.

O termo, como lembra Emmanuel Blanchard, indica uma técnica policial precisa – conforme uma definição conhecida desde pelo menos 1829, "prisões massivas realizadas improvisadamente pela polícia em local suspeito".[37] Como observação histórica e política, essa definição não permite confundir a xenofobia de Estado contemporânea com o racismo de extermínio do Estado dos anos 1940. Ainda que se revelem mortais, as atuais batidas policiais de expulsão não são comandadas com intenção genocida. Se procurarmos suas origens, elas estão ligadas, mais evidentemente, à prática da caça aos "indesejáveis", que floresceu no entreguerras, ao mesmo tempo que a extrema-direita ameaçadora ganhava força e endurecia a legislação sobre os estrangeiros. Os jornais noticiavam as batidas e as caças ao homem nas cidades francesas e até as ilustravam.

As batidas podem ser associadas a rondas, que consistem em controlar e interpelar, em um perímetro determinado, aqueles que se encontram ali instalados. Em Calais, no momento da evacuação da "selva", a batida culminou em uma gigantesca operação de captura, que gerou a seguinte cena: "Os migrantes desfilam com os olhos vermelhos, têm a cabeça baixa como se estivessem envergonhados e são enquadrados por homens vestidos de azul que fazem uma 'seleção' – essa é a palavra de ordem deles – entre os menores e os maiores de idade antes de encaminhá-los aos ônibus que os levam às delegacias".[38]

---

37 Como lembra Emmanuel Blanchard, a colaboração policial na França marcou uma ruptura radical com as práticas anteriores: "O internamento administrativo já existia, mas, no caso dos judeus, foi usado para alimentar a política de extermínio [...]. Somente na região de Paris, a operação 'vento da primavera' resultou na prisão de 13 mil judeus, que foram primeiro levados ao 15º *arrondissement*, no Velodrome d'Hiver, e depois para o campo de Drancy, antes de serem transferidos para os campos de extermínio. A técnica policial usada no verão de 1942 não se enquadra exatamente no repertório de ações de perseguição. Tratava-se, de fato, de prisões domiciliares, que eram realizadas graças a uma elaboração prévia de arquivo. Foi somente na década de 1960 que esse tipo de operação policial, diferente de qualquer outra na história da França contemporânea, tornou-se universalmente conhecida como 'perseguição do Vél d'Hiv'". Emmanuel Blanchard, "Ce que rafler veut dire", *op. cit.*, pp. 5-6.

38 Laurent Decotte, "Fin de la 'jungle' de Calais: évacuation et communication", *La Voix du Nord*, 23 de setembro de 2009.

Em um baile popular

Le Petit-journal illustré, N.º 1842, 1927.

Diferentemente das batidas propriamente ditas, a prática das prisões domiciliares, nos últimos anos, ocorreu sob pressão de metas. Em 9 de agosto de 2007, em Amiens, a polícia bateu à porta de um casal russo-checheno sem documento. A família tentou fugir. O filho, Ivan Dembsky, de 12 anos, tentou pular para a varanda dos vizinhos. Ele caiu do quarto andar, entrou em coma e morreu no hospital.[39] O primeiro-ministro, em um comunicado, testemunhou "toda sua compaixão pelos pais"[40] por essa "queda acidental", reafirmando que a "política de imigração desejada pela Nação [...] requer firmeza e forte envolvimento de todos os agentes do Estado".

Além de varreduras, perseguições, batidas e prisão em domicílio, o Estado também pratica a caça com armadilha. Neste caso, o procedimento consiste em atrair o imigrante ilegal para as prefeituras com o pretexto de uma avaliação pessoal de seu processo de regularização. Em fevereiro de 2008, a prefeitura de Nanterre redigia uma nota de serviço a seus agentes, especificando que "os estrangeiros que estivessem solicitando uma regularização não deviam mais enviar o dossiê por endereço postal, e sim apresentando-se fisicamente". Convidados a ir pessoalmente ao balcão, eles, na verdade, eram presos. Uma nota oficial detalhou o desenvolvimento das operações:

> O seguinte esquema cronológico é aplicado:
> - O estrangeiro entrega seu passaporte ao agente.
> - O estrangeiro é convidado a se sentar na sala de espera. - O agente notifica o chefe da seção Remoção (na falta dele, o chefe ou seu adjunto).
> - O chefe da seção Remoção contacta o DDSP e informa o chefe da seção de Recepção.

---

39 Karl Laske, "Un enfant sans papiers fuit la police et chute du 4e étage", *Libération*, 10 de julho de 2007.

40 Site do Primeiro-ministro, comunicado à imprensa em 9 de julho de 2007.

- A interpelação será realizada a portas fechadas.[41]

"Por princípio, eu detesto as caças ao homem [...]. Penso que se as caças aos homens são deploráveis, as caças aos filhos são ainda mais". Aqui quem fala é Eric Besson. Mas nem todos os filhos, é claro, são merecedores da mesma empatia; tudo depende de quem é o pai. A "caça ao homem" que foi mencionada pelo ministro da imigração e da identidade nacional foi o clamor causado pela nomeação do filho de Sarkozy ao EPAD[42] dos Hauts-de-Seine. A moral e a capacidade de indignação, assim como os "princípios", têm formas variáveis. Esse tipo de assimetria é característico da dupla moral dos dominantes: lamentar a metafórica caça aos filhos dos poderosos, enquanto se organiza a caça literal aos filhos dos mais desfavorecidos.[43] Para além da anedota, o que aqui se manifesta é, mais profundamente, a duplicidade do regime normativo que está se instalando em ambos os lados da fronteira interior da identidade nacional e da regularização da residência, fronteira entre aqueles para quem é reconhecida a proteção e aqueles para quem qualquer tipo proteção, mesmo a mais básica, é recusada; entre aqueles que podem ser caçados e aqueles que não poderiam sê-lo, mesmo que pelo discurso; entre os "protegidos" e o resto.

---

41 Préfecture des Hauts de Seine, Direction de la population et de la citoyenneté, Note aux agents des sections Accueil (guichets pré-accueil) et Contrôle (cellule et régularisation), 28 de fevereiro de 2008.

42 [N. E.] EPAD, sigla para Établissement Public pour l'Aménagement de la Défense, é o organismo público que administra o La Défense, um dos maiores distritos de negócios da Europa, no departamentto Hauts-de-Seine. Jean, filho do meio de Nicolas Sarkozy, foi indicado em 2009 para presidir o órgão.

43 Entrevista com Eric Besson por Thomas Legrand, *France Inter*, 16 de outubro de 2009.

conclusão

Um homem corre. Homens armados estão no seu encalço. A cena se repete – do bárbaro capturado nos portões de uma cidade antiga até a sombra que desaparece nos túneis de um metrô em Paris. Porém, sob a aparente semelhança das situações, escondem-se formas de poder muito diferentes.

Existem poderes caçadores que são exercidos por meio da perseguição e captura de seus sujeitos. Este livro esboça a história de sua morfologia mutável. Enquanto um autor como René Girard postula uma espécie de invariante da violência nas sociedades humanas, essencialmente fundada, segundo ele, sobre uma lógica de sacrifício expiatório, eu tentei destacar o que grandes fenômenos históricos de caças ao homem tiveram de específico em seus motivos e funções. Ao contrário do que afirma a teoria do bode expiatório, a escolha das presas nunca é, por exemplo, arbitrária ou "indiferente":[1] ela obedece a estratégias cifradas, que permanecem ininteligíveis enquanto forem reduzidas ao modelo uniforme de uma violência sacrificial.

O poder cinegético surge como a condição da antiga dominação escravagista. Poder de captura para o abastecimento da força de trabalho servil, uma técnica de aquisição violenta que está na raiz do poder econômico do senhor, as caças gregas são autorizadas por uma divisão ontológica da humanidade entre senhores e escravos por natureza. Com a tradição bíblica, surge uma segunda concepção do poder cinegético: a figura de Nemrod. O rei caçador que captura suas presas com violência opõe-se perfeitamente ao poder pastoral, do qual ele constitui o

1 René Girard, *La violence et le sacré*, Paris, Grasset, 1972, p. 23.

duplo simétrico: imanência contra transcendência, acúmulo territorial contra mobilidade gregária, predação contra benevolência, massificação contra individualização – tudo distancia esses dois modelos de soberania política. Mesmo que seja definido em oposição à soberania caçadora, o pastoralismo produz em seu eixo formas de predação específicas, paradoxalmente fundadas sobre um imperativo de proteção: já não se trata de adquirir súditos por meio da violência, mas de eliminar as ovelhas sarnentas, isto é, os sujeitos que são excluídos da comunidade em nome de sua própria preservação. O modelo das caças de exclusão continua na prática do poder soberano com a exclusão penal dos condenados e as caças aos homens-lobos, realizadas em forma de batidas populares. Essas são as três grandes formas de poder cinegético disponíveis e imagináveis no limiar da modernidade. Um acontecimento, no entanto, muda tudo. A ascensão do capitalismo transatlântico corresponde, em três continentes, à irrupção de novas caças ao homem. Nas Américas, trata-se da caça aos indígenas, caça de servidão e matança, teorizada, simultaneamente, como caça aos escravos por natureza e caça aos banidos da humanidade, conforme um esquema em que as antigas categorias se fundem para produzir uma nova teoria da conquista. No continente africano, a delegação da caça a intermediários locais é acompanhada pela teorização paradoxal da responsabilidade africana pelo tráfico de escravos, em que, sob uma perspectiva racista, as presas, supostamente caçando a si mesmas, acabam adotando responsabilidade histórica pela própria servidão. Ao mesmo tempo, no velho continente, grandes caças aos pobres contribuem para a formação do assalariamento e para a ascensão de um poder policial cujas operações de perseguição se ligam fundamentalmente a dispositivos de confinamento.

As novas formas de caça ao homem são manifestações espetaculares daquilo que Marx chamou de fase do acúmulo primitivo de capital. O grande poder de caça, que lança suas redes a níveis até então desconhecidos na história da humanidade, é o poder do capital. No espaço metropolitano, o Estado, rompendo com o antigo modelo de banimento, passa a monopolizar o poder legítimo de caça. Fenômenos de caças populares ressurgem dentro dele, apresentadas como inquietantes matilhas de caça que se mobilizam em um contexto de dominação de casta racial (o linchamento), de concorrência no mercado de trabalho assalariado (a caça aos estrangeiros) e de dissuasão de antagonismos políticos (a caça aos judeus). Os movimentos da extrema-direita reconhecem na matilha de caça uma força social capaz de lhes fornecer a base de sua hegemonia política. Conquistado o poder, eles instituem um racismo de Estado, no qual a caça racista se torna o cerne de um programa cujos slogans assassinos podem ser assegurados e difundidos com os meios do poder estatal. O modelo zoológico da predação natural associa-se a mecanismos biopolíticos do racismo de Estado para fornecer a matriz legitimadora do projeto genocida.

Se hoje a xenofobia de Estado rompe com as caças de extermínio do racismo biológico, ela reativa e reconfigura alguns traços fundamentais das antigas caças de proscrição. As políticas de ilegalização dos imigrantes se baseiam, paradoxalmente, em uma concepção territorial da soberania que acaba sendo negada em sua prática. Trata-se de uma política mortal que, por meio da exclusão legal, garante a inclusão paradoxal dos novos despossuídos jurídicos nos domínios da exploração, e, ao mesmo tempo, torna-os vulneráveis por meio de políticas ativas de perseguição e insegurança.

A história de um poder é também a história das lutas. Como se libertar de uma relação de caça e de predação? Como, na posição de presa, constituir uma subjetividade política?

A primeira dificuldade se deve à identificação das presas essencialmente como *vítimas*. Tentei demonstrar como esse tipo de identificação política cria um dilema, o dilema da vítima, em que os sujeitos se veem diante de uma falsa escolha entre reconhecer seu estatuto de vítima, ao custo de negar sua agência, e reconhecer sua agência, ao custo de negar a culpa de seus algozes. Essa antinomia, que constitui uma poderosa armadilha política, está fundada na falsa ideia de que é necessário atribuir aos oprimidos a responsabilidade histórica por sua própria servidão, para que a tarefa de emancipação possa recair sobre eles. Fugir a esse estratagema exige a reativação de categorias não judiciais de identificação política, por meio do reconhecimento de uma subjetividade ativa, posto que já engajada em um processo de autoemancipação.

A caça ao homem envolve uma relação específica de consciências, cuja dialética procurei traçar: uma dialética do caçador e do caçado cujas etapas diferem do esquema clássico da fenomenologia hegeliana. Desde o início aprisionada em uma relação de poder assimétrica, a presa pode superar seu estado inicial de angústia radical e constituir uma subjetividade ativa por meio da interiorização paradoxal da posição de objetividade que lhe é atribuída pelo olhar do caçador. Ocorre assim uma troca em que a antiga presa se torna caçadora. Ao mesmo tempo, surge uma aporia: a mera inversão ou a reversão não dialética da predação, em que as posições são simplesmente invertidas enquanto a relação fundamental permanece. Essa é a ironia trágica da presa que escapa apenas ao se tornar aquilo de que tentava escapar. Sair dessa ordem pressupõe a formulação de uma teoria crítica da violência política.

O outro grande obstáculo para a formação de uma subjetividade política sob o regime do poder cinegético é o impasse da reprodução interna da relação predatória. Quando não há outra opção disponível para deixar de ser presa a não ser tornar-se caçador, desenvolvem-se dinâmicas de predação mútua, que repercutem e duplicam indefinidamente a relação predatória principal em subgrupos dominados. Esse é o problema estratégico fundamental da divisão e fragmentação do coletivo de presas.

Esse problema se apresenta de forma particularmente acentuada em um contexto em que a xenofobia política instrumentalizou os fenômenos de concorrência e de matilha de caça, criando a base de um programa de exclusão radical. A principal operação das políticas xenófobas consiste em abordar a poderosa demanda social por proteção, traduzindo-a em uma divisão restritiva entre aqueles que são protegidos e aqueles que não podem sê-lo – ou pior, que não devem sê-lo porque, na verdade, é justamente deles que é preciso se proteger. A identificação da esfera da proteção legítima com o grupo dos autóctones, seja sob a modalidade biopolítica da raça, a modalidade histórico-cultural da identidade nacional ou, ainda, a modalidade administrativa e política da regulação da estadia, culmina necessariamente na criação de populações abandonadas, sem proteção e expostas à predação. Esse tipo de exclusão é tão mais eficaz e produz efeitos tão mais deletérios quanto mais as funções de proteção são centralizadas na instituição que define os limites do grupo de seres humanos protegidos e dispõe dos meios para caçar aqueles que foram excluídos de seu critério.

O estudo das relações de predação inter-humanas e de sua história política concentra-se no problema da *proteção*. O fato de a remoção da lei produzir presas também fornece, *ao contrário*, uma indicação fundamental do que deve ser a vocação de uma comunidade política universal, ou seja, seu *telos*: assegurar proteção coletiva contra as relações de predação inter-humanas.

post-scriptum

Ao terminar de escrever este livro, li na imprensa:

"Na Itália, a caça aos imigrantes de Rosarno.

Migrantes, trabalhadores sazonais, obrigados ao êxodo depois de sofrerem uma verdadeira caçada humana.

Tudo começou na noite de quinta-feira, quando jovens calabreses atiraram contra migrantes. Dois ficaram feridos. Em protesto, os migrantes incendiaram latas de lixos e vários carros. Na sexta-feira, dois mil trabalhadores imigrantes participaram de uma manifestação para protestar contra o assédio e os ataques que enfrentam. "Aqui os italianos são racistas!", "Nós não somos animais!", diziam seus cartazes. Quatro mil migrantes sazonais chegam todo inverno para trabalhar nas plantações de cítricos, do amanhecer ao anoitecer, em troca de vinte e cinco euros por dia, amontoados em um assentamento informal na fronteira da cidade. À noite, os ataques contra os migrantes recomeçaram com força. Uma parcela da população, de duzentas a trezentas pessoas, desencadeou um reinado de terror, com barras de ferro, espingardas, barricadas, chegando até mesmo a atacar a sede de uma associação de migrantes. O clima que o governo de Silvio Berlusconi instaurou, com seus ministros que competem em declarações contra "clandestinos", faz não ser por acaso o medo que sentem os habitantes de Rosarno".[1]

---

1 Gaël De Santis, *L'Humanité*, 11 de janeiro de 2010.

crocodilo edições

coordenação editorial
Lou Barzaghi
Marina B. Laurentiis

crocodilo.site
ig: crocodilo.edicoes
oi@crocodilo.org

tradução
Marcela Vieira

revisão da tradução
Marina B. Laurentiis

preparação
Dimitri Arantes

edição
Marina B. Laurentiis
Lou Barzaghi

revisão de prova
Juliana Ramos Gonçalves

projeto gráfico e diagramação
Lou Barzaghi

Dados Internacionais de Catalogação na Publicação (CIP) de acordo com ISBD
Elaborado por Vagner Rodolfo da Silva CRB-8/9410

C442c Chamayou, Grégoire

Caças ao homem: história e filosofia do poder cinegético / Grégoire Chamayou ; traduzido por Marcela Vieira ; revisado por Marina B Laurentiis ; prefácio por Acácio Augusto
– São Paulo : crocodilo edições, 2025.

224 p. ; 13cm x 21cm.

Tradução de: Les chasses à l'homme: Histoire et philosophie du pouvoir cynégétique

ISBN:978-65-88301-31-9

1. Filosofia. 2. Racismo. 3. História das caçadas. 4. Governamentalidade punitiva. 5. Controle social. I. Vieira, Marcela.II. Laurentiis, Marina B. III. Augusto, Acácio. IV. Título.

2025-3286 CDD 100 CDU 1

Índice para catálogo sistemático
Filosofia 100
Filosofia 1

AMBASSADE
DE FRANCE
AU BRÉSIL

Liberté
Égalité
Fraternité

Cet ouvrage, publié dans le cadre du Programme d'Aide à la Publication année 2025 Carlos Drummond de Andrade de l'Ambassade de France au Brésil, bénéficie du soutien du Ministère de l'Europe et des Affaires étrangères.

Este livro, publicado no âmbito do Programa de Apoio à Publicação ano 2025 Carlos Drummoand de Andrade da Embaixada da França no Brasil, contou com o apoio do Ministério francês da Europa e das Relações Exteriores.

Estre livo foi composto com os
tipos bodoni e rotis semi sans.

Impresso no papel pólen bold
90g pela gráfica Loyola